말하기 영어공식 31

김성천 지음

더本
BASIC forum

영어 말하기에 한 맺힌 이들을 위하여

말하기 영어공식 31

저자

김성천

BASIC forum '더 本' 회장
스마트씨엠에스 대표
한림국제대학원 경영학 석사 (B2B MICE)
연세대학교 경제학과 졸업

■목차

별첨

◩ 연습문제 답안
◩ 영문장 Structure Table

들어가는 말

"말하기 영어공식 먼저하고
다른 학원 가세요!"

세상에는 좋은 영어강좌, 교육 프로그램, 책들이 수도 없이 많다.
모두 좋은 방법(tool)들일 것이다.
하지만 내가 하고 싶은 말은 아주 기초적이고 이미 알고 있다고 생각하는 것
들 안에 영어의 뼈대들이 숨어 있다는 점이다. 김성천과 함께하는 말하기 영
어공식들을 통해 뼈대를 갖출 수 있다.

짧은 기간에 습득할 수 있는 공식들을 우선 자기 내부에 탑재해야 한다. 그
렇지 않으면 10년 아니라 100년을 공부해도 여전히 그 자리일 확률이 높다.

'말하기 영어공식 31'은 이러한 기초이자 기본이다. 그러나 현실에서는 강력함
을 느낄 것이다. 언어는 보통 그렇다. 먼저 가볍게 기본을 익히고 나고 응용으로
나아가는 것이다. 5살 아이도 어른과 소통할 수 있다. 단지 고급스럽게 못 할 뿐
이다. 기초를 익히고 나서 다른 훌륭한 프로그램들을 만나보기를 권한다.

『말하기영어공식 31』의 기초 위에서 영어가 술술 풀려나가는 것이 느껴질 것이다.
우리는 영어 학습에 말도 안 되게 엄청난 시간과 에너지를 쏟고 있었다.
그런데 여전히 말이 터지지 않아 고민 많은 이들이 있다. 그러한 영어에
고민인 대한민국의 여러분들을 위해 이 책을 선물한다.

아무쪼록 말부터 터지는 영어로 대한민국의 글로벌 경쟁력이
강화되었으면 한다.

글로벌 대한민국에 이 책이 작은 도움이라도 될 수 있었으면 좋겠다.

2019.1.1
김성천 올림

내용 구성에 관하여

본문은 총 31개의 챕터(Chapter)로 구성되어 있다. 학습자가 매일 한 챕터씩 꾸준히 훈련하며 한 달 만에 영어의 기본 뼈대를 세울 수 있게 되기를 바라는 마음에서다.

실제 영어로 말을 하는 것은 그리 어렵지 않다. 생각하는 것처럼 오랜 세월을 필요로 하지도 않는다. 영어를 공부로만 생각하고 무조건 암기해 온 우리의 기존 방법이 영어의 의사소통 능력 향상에 대한 발목을 잡아 온 것뿐이다.

단언컨대, 지금이 여러분의 영어 인생을 바꿀 시간이다. 딱 한 달만 『말하기영어 31』에 투자해 보라. 기본 뼈대가 잡히고 나면 영어로 말하는 능력이 눈덩이처럼 커지는 놀라운 현상을 경험하게 될 것이다.

Chapter 1~17은 영어와 우리말의 다른 점과 말하기에 필요한 기본 공식들을 소개했다. 어떤 식으로 단어를 배열해야 하는지, 어떤 단어는 왜 다른 단어의 앞이나 뒤에 와야 하는지, 단어의 모양이 어떤 때 어떻게 바뀌는지 등 영어의 기본 뼈대를 익히도록 하는 데 집중했다.

Chapter 18~26은 영어 사용자들이 자주 쓰는 시제를 연습하도록 하는 내용이다. 우리가 영어로 말을 하면서 흔히 저지르는 실수 가운데 하나는 시제에 맞는 동사를 자유자재로 사용하지 못한다는 것이다. 시제만 제대로 맞춰서 말을 해도 초보티를 벗을 수 있다.

Chapter 27에서 마지막인 Chapter 31까지는 말을 길게 늘여 사용하는 법을 연습하는 장으로 마련했다. 더듬더듬 몇 단어만주고 받으면서도 대화를 이어갈 수는 있다. 하지만 이 경우 말하는 나도, 내 얘기를 들어 주는 상대도 길게 이야기를 나누고 싶지는 않을 것이다. 충분한 말 이어 붙이기 훈련을 통해 표현을 풍부하게 만들고 자기가 하고 싶은 이야기를 얼마든지 만들 수 있도록 하는 훈련 과정이 될 것이다.

『말하기영어공식 31』은 영어 말하기를 위한 안내서이자 훈련서이다. 기존에 영어를 대하던 시험용 학습은 모두 잊고 눈이 아닌 입으로 훈련하고 또 훈련하길 바란다.

준비되었는가? 자, 이제 영어의 말하기의 뼈대를 세우기 위한 첫발을 힘차게 떼어 보자.

기본에 가장 충실한 영어

일전에 '스피치' 경연대회에 연사로 초대받아 갔을 때 나는 숨이 멎는 줄 알았다. 그곳은 다름 아닌 '영어 스피치' 경연대회였다. 참가자들은 '미국계 기업'의 임원들이었다. 내 연설 차례가 올 때까지 무섭게 쿵쾅댔다. 후에 담당자에게 '왜 나에게 영어 스피치인지 말해 주지 않았냐?'고 물었다. 이런 대답이 되돌아 왔다. "강사'라면 누구나 영어쯤은 하지 않나요?"

이 말이 틀렸다는 증거가 나 '곽랑주'다. 학창시절 내내 영어 시간은 나에게 공포였다. 되도록 피하고 싶었다. 대학 시절 B학점도 거의 없고, C학점은 하나도 없는데, 유일하게 D학점이 하나 있다. 바로 '영어'다. 그것도 1학년 때는 F를 맞았고, 4학년에 간신히 D를 맞아 겨우 졸업할 수 있었다. 그리고 큰 불편 없이 20년 이상을 살았다. 그러나 마음 한구석에 남아 있는 찜찜함은 분명 '불편함'이었다.
어제 우리 학원에서 한 학생이 찾아와 상담을 했다. 학과 졸업요건인 토익점수를 달성하지 못했다고 했다. 그래서 결국 한 학기를 더 다녀야 한다는 하소연이었다. 인성도 좋고, 직장도 구했다. 그런데 영어 점수 때문에 물거품이 됐다…….

나는 그녀에게 이 책 『말하기영어 31』을 권해 주고 싶었다. (물론, 출간되면 한 권 선물하려고 한다.)

영어에 비법이 있을까? 이 말은 이렇게 바꾸어야 한다. '나에게 맞는' 영어 비법은 무엇일까? 세상에는 수많은 영어 공부 방법이 있다. 그런데 왜 아직도 많은 사람들이 영어에 목마른 것일까? 그것은 '나'에게 초점을 맞추지 않고, '비법'만 찾기 때문이다. '자신에게 맞는' 비법을 찾아야 한다.

『말하기영어 31』은 '비법'을 선전하지 않는다. 단, 처음부터 '기본'이 중요하다고 말한다. 그리고 '한계'에 대해서도 명확하게 말한다. 이 책을 공부하고 그 다음 단계로 넘어가라고 말이다. 또한 과장도 섞여 있지 않다. '기본'을 세워 주는 '영어', 즉 오로지 혼자 걷고 달릴 수 있는 곳까지 데려다 주는 데 충실한 영어학습법이다.

대학 시절 영어가 콤플렉스였다는 그는 함께 있을 때 굳이 영어를 섞어 쓰지 않는다. 그렇지만 세계를 돌아다니며 비즈니스를 하고 산다. 심지어 세계로 나갈 학생들에게 '영어'를 가르치기도 한다. 참 존경스럽고, 부러운 사람이다.

20년을 영어를 배우고, 20년을 영어를 쓰지 않았던, 사람에게 '다시 시작해도 될까?'라는 시작을 갈망시킨 책. 『말하기영어공식 31』을 추천하고 싶다.

2019년 01월 01일
국제항공운송교육원 원장
곽랑주

> 고기가 아니라 낚시하는 방법을
> 알려 주는 영어 입문서

내가 대학시절에 아는 김성천 대표는 영어, 특히 영어회화와는 그다지 친하지 않은 사람이었다. 그런데 대학 졸업 후 수년이 지난 어느 날 우연히 들른 그의 사무실에서 그가 전화로 외국인과 대화하는 것을 들었을 때 나는 깜짝 놀라지 않을 수 없었다.

김 대표가 화려하고 유창한 영어로 말해서가 아니다. 그가 사용하는 영어는 고등학교 졸업자면 누구나 알아들을 만한 쉬운 단어였고, 문장은 길지 않았으며, 애써 원어민의 발음과 억양을 흉내 내려는 어색함도 보이지 않았다. 그는 자기식의 영어를 명쾌하고, 즐겁고, 무엇보다도 자신감 있게 구사하고 있었다.

나는 김 대표가 어떤 식으로 영어를 터득했는지 몹시 궁금했다. 그리고 그의 영어 체득에 대한 흥미로운 경험담을 들을 수 있었다. 그 내용을 흥미진진하게 소개하고 있는 것이 바로 이 책 『말하기영어공식 31』이다. 과거에는 영어가 약점이었지만 이제 국제무대에서 영어를 자유롭게 구사하며 다양한 비즈니스 활동을 펼치고 있는 평범한 사람의 '비하인드 스토리'인 셈이다.

과거 김 대표처럼 영어 독해 능력을 충분히 갖춘 사람이라도 영어 회화에는 유독 부담을 느끼는 사람들이 많다. 초등학교 때부터, 혹은 그 이전부터 영어를 접하면서도 결국 대학에 진학하면 기초 회화부터 다시 배운다. 그 전에 학교나 학원에서 6년, 혹은 10년 이상 배웠던 영어가 실전에서는 그다지 효용이 없기 때문일까?

결코 아니다. 『말하기영어공식 31』이 궁극적으로 알려주고자 하는 핵심 메시지가 바로 이것이다. 우리는 지금 그동안 힘들에 주워 모은 '서 말의 구슬'을 꿰지 못하고 있는 것이다. 이제 이 책은 영어라는 고기를 잡는 방법을 명쾌하게 알려준다. 영어 문장을 만드는 가장 기본적인 원리를 통해서다. 원리를 깨우치면 학습자 스스로 나머지를 얼마든지 응용할 수 있다는 실전 경험에서 나온 가장 효율적인 학습법이다.

단언컨대 ,이 책을 만난 독자들은 행운을 잡은 것이다. 대한민국 영어의 가장 큰 취약점을 정확하게 짚어내고 그 대안을 제시한 『말하기영어공식 31』이 출간된 것이 무척이나 반갑다. 이 책이 대한민국의 영어 콤플렉스를 치유하기 바라며 적극 추천하는 바이다.

2019년 01월 01일

뉴스1 국제부 기자

김정한

원리와 방법을 이야기 하는
영어 기본서

능숙한 외국어(영어) 구사는 누구나 한번쯤 꿈 꿔 봤음직한 소망일겁니다. 하지만 그 소망을 이루는 사람 또한 적은 것도 사실입니다. 소망과 현실의 틈 사이에서 호구의 문제를 해결하려는 출판, 학원, 방송 등의 산업이 저마다의 학습법을 외치며 잡초처럼 자라납니다.

그곳엔 입시에 필요한 영어, 취업을 위한 영어, 여행에 쓰이는 영어가 커리큘럼으로 존재할 뿐 어디서도 말이 만들어 지는 원리와 방법에 대해 이야기 하지 않습니다.

다년간 국제 비즈니스와 기업교육에 몸 담아 왔던 김성천 대표는 평소 자신의 주장처럼 기본에 충실해야 한다는 바탕 위에 소통영어의 핵심을 이 한 권의 책에 담았습니다.

이 책을 제가 기꺼이 추천하는 이유는 저자가 영어능통자라는 사실 외에

1. 저자가 외국에서 생활하거나 유학을 하지 않은 순수 국내파였다는 점
2. 취업 후까지도 영알못이었던 온전한 성인학습자였다는 점
3. 책에서 제시하는 방법을 통해 누구나 동일한 훈련 과정 후 동일한 수준의
   결과를 얻었다는 점

에 근거합니다. 속는 셈 치고 김성천 대표의 31개 영어 공식의 약속을 따라해 보시기 바랍니다. 어느 순간 레고 블록을 쌓듯 하고 싶은 말을 영어로 이야기 하는 스스로를 발견하게 될 것이라 확신합니다.

2019년 01월 01일

월슨러닝 마스터 퍼실리테이터

(서울대 경제학과)

윤헌관

Chapter 01
모든 문장에는
반드시 주어가 있다

영어는 순서의 언어다. 중요한 순서대로 배열하고 정해진 자리에 정해진 역할을 담당하는 형태의 단어가 반드시 와야 한다. 그렇다면 문장의 맨 앞에는 어떤 말이 와야 할까? 당연히 주인공이 등장해야 한다.

그 주인공이 바로 '주어'라고 불리는 성분이다.

▣ 기본 원칙

☐ 주어는 문장의 맨 앞에 온다. 문장에서 가장 중요한 것이 본능적으로 가장 앞에 배치된 것이라고 생각하면 된다.

☐ 사람을 지칭하는 주어가 있다. I(나), you(너), he(그), she(그녀), we(우리), you(너희들), they(그들), they(그것들) 등이다.

☐ 주어들 중에서도 자기 자신을 나타내는 'I'는 가장 중요하다. 그래서 'I' 만큼은 문장 중간에 오더라도 항상 대문자로 써서 구별시켜 준다.

☐ 자기 자신인 I를 1인칭, 상대방인 you를 2인칭, 제3자인 he나 she 를 3인칭이라고 규정한다. 또한 we는 1인칭 복수, you는 2인칭 복수, they는 3인칭 복수의 형태이다.

☐ 이 세상의 모든 사물도 주어가 될 수 있다. 개, 고양이, 책, 꽃, 별, 바다, 산 등등 무수하게 많다.

☐ 눈에 보이지 않는 것도 주어가 될 수 있다. 아름다움, 추위, 슬픔, 기쁨, 만족, 잔인함, 친절 등등 헤아릴 수 없이 많다.

☐ 'it'은 (눈에 보이거나 보이지 않거나 상관없이) 동물이나 사물을 통틀어 지칭할 때 사용하는 주어이다.

▣ 연습문제

※ 다음 문장에서 주어를 찾아보시오.

01. 나는 바쁘다.

02. 그녀는 공주다.

03. 아빠는 다정하지만 엄하다.

04. 날씨가 흐리다.

05. 코끼리는 코가 길다.

06. 친절은 가장 좋은 경쟁력이다.

07. 슬픔은 극복되어야 한다.

08. 우리는 한국인이다.

09. 러시아는 북쪽에 있다.

10. 그들은 아직 어리다.

11. 봄은 해마다 다시 온다.

12. 이번 주는 내내 비가 올 것이다.

13. 바나나는 열대 과일이다.

14. 개미는 위대한 곤충이다.

15. 소금은 금보다 귀하다.

Chapter 02
모든 문장에는
반드시 동사가 있다

모든 스토리는 사건이나 생각으로부터 비롯된다. 주인공이 등장했다면 그 주인공이 벌이는 사건 혹은 생각이 이어져야 마땅하다. 이 역할을 맡는 단어를 동사라고 부른다. 보통은 주어가 무엇을 하는지, 어떤 상태에 있는지를 설명한다.

우리의 머리에는 '움직일 동(動)'이 입력되어 있기 때문에 동사라고 하면 '움직인다'는 개념만 떠오른다. 하지만 동사는 주어를 설명하는 말/단어일 뿐이다. 동사를 움직이는 행위만 한정하면, 'I am a boy'라는 문장에서 am에 대해 이해하기 어렵다.

우리가 일반적으로 'be동사'라고 부르는 것도 말 그대로 '동사'의 일종이며 주어의 상태를 설명하는 말이다. 이때 be동사는 형용사, 명사, 부사구와 결합해 서술어가 된다.

우리가 사용하는 '동사'라는 용어는 반드시 '움직이는 행위'만을 나타내는 것이 아니다. 있는 그대로의 상태도 동사로 간주한다는 점을 기억하자. 즉, 동사는 크게 일반동사와 be동사로 나뉘며, 조동사는 도움이 필요할 때 사용한다.

▣ 기본 원칙

□ 동사에는 일반동사, be동사, 조동사 등이 있다. 이들은 모두 시점(시제)
의 영향을 받으며, 일반동사와 be동사는 인칭에 따라 형태가 달라진다.

□ 일반동사는 주어의 행위와 동작을 묘사한다. be동사는 주어의 상태와
정체(신분) 등을 묘사한다. 조동사는 일반동사를 좀 더 구체적으로 도
와서 주어를 설명한다.

※ 다음 문장에서 주어와 동사에 각각 밑줄을 치시오.

01. She runs at playground.

02. Father reads books everyday.

03. He is busy these days.

04. Jane doesn't like flowers.

05. She had never been to America.

06. I am sure you are wrong.

07. My friend eats candy too much.

08. Everyday's exercise makes you healthy.

09. Each country has its own flag.

10. We have enough time to play.

11. The earth is round.

12. I spent the whole day studying.

13. We traveled around the Europe last summer.

14. They rejected our proposal.

15. He dreamed he would become a lawyer.

#1 원어민 영어와 비즈니스 영어

영어에는 두 종류가 있다. 하나는 원어민들이 쓰는 영어이고, 다른 하나는 그 외의 영어가 모국어가 아닌, 즉 비영어권 사람들이 사업상, 혹은 업무상 소통을 위해 사용하는 영어다.

결론부터 말하자면, 외국인들과의 의사소통을 목적으로 영어를 구사하려면 단연코 비즈니스 영어부터 시작해야 한다는 것이 나의 확고한 생각이다. 반드시 원어민 수준의 영어를 터득해야 한다는 것은 결코 정답이 아니다.

일반적인 여행, 외국 생활, 비즈니스, 심지어 유학 생활에서는 사실상 원어민 수준의 영어를 구사할 필요가 거의 없다. 비즈니스를 위한 영어는 그리 어렵지 않다. 몇 가지 말하기 공식들 먼저 터득하여 몸에 붙이면 된다. 그 공식들이 영어이 지름길이다!

솔직히 말해서, 나는 할리우드 영화들의 원어민 영어를 절반도 이해하지 못한다. 하지만 비즈니스 활동에서는 상대방으로부터 훌륭한 영어를 쓴다는 칭찬을 자주 듣는다.

비즈니스를 위한 영어는 그리 어렵지 않다. 몇 가지 말하기 공식들을 먼저 터득하여 몸에 붙이면 된다. 그 공식들이 영어의 지름길이다!

Chapter 03
문장 성분은 역할에 따라
위치가 정해져 있다

세상에는 물질이 있고, 각 물질들은 저마다 고유한 성질을 지니고 있다. 이 물질을 이용해 우리는 다양한 물체를 만든다. 문장도 이와 같다. 문장을 만드는 데 필요한 성분들을 문장성분이라고 부른다. **'주어/서술어/목적어/보어'** 를 가장 중요한 문장성분으로 보며, **이 성분들 외에는 수식어로 분류한다.**

▣ 기본 원칙

□ 영어에는 애당초 '조사'라는 개념이 없다. 따라서 원래부터 정해진 순서를 통해, 문장 안에서의 위치에 따라 자격을 부여한다.

□ 주어는 모든 문장의 주인공이며, 행동이나 상태의 주체를 나타낸다. (명사, 대명사, 명사상당어구)
예) The dog is a faithful animal. (명사)
I can't decide what to do. (인칭 대명사)
Swimming in the river is dangerous. (명사상당어구)

□ 서술어는 주어가 하는 동작이나 존재 여부를 설명한다. (일반동사, be동사)
예) I made a promise to you. (동사)
I have been sick. (be동사)

□ 목적어는 주어가 하는 동작이나 행위의 대상을 나타낸다. (명사, 대명사)
예) She grows her hair long. (명사)
I make it a rule to get up at 6 in the morning. (대명사)

□ 보어는 주어 혹은 목적어의 상태/신분을 보충 설명한다. (형용사, 명사)
예) She grows her hair long. (형용사)
He is a scientist. (명사).

▣ 연습문제

※ 다음 밑줄 친 단어들의 문장성분을 말해 보시오.

01. <u>This chocolate</u> is delicious.

02. I give <u>the chocolate</u> to my brother.

03. My most favorite food is <u>chocolate</u>.

04. I think the chocolate tastes <u>sweet</u>.

05. I <u>want to eat</u> chocolate.

06. He is a <u>chocolate seller</u>.

07. We bought the chocolate <u>at the shop</u>.

08. Chocolate is <u>not so expensive</u>.

09. <u>Eating too much chocolate</u> is not good for health.

10. You can have <u>chocolate</u> at any time.

11. You can buy chocolate <u>at any shop</u>.

12. <u>Try</u> this chocolate for dessert.

13. I'd like a chocolate, <u>please</u>.

14. The chocolate has <u>magical powers</u>.

15. Chocolate is loved by <u>many children</u>.

Chapter 04
각각의 단어는 쓰임에
따라 품사들이 있다

문장성분이 문장 안에서 단어들의 역할에 따라 구분한 분류라면, 단어들은
문장 속에서의 역할과는 별도로 태어날 때부터 부여받는 정체성이 있다. 그
정체성이 바로 '품사'다.

사람은 누구든 태어나면서 정체성을 부여받는다. 또한 인간관계 속에서의 각
자 역할에 따라 아빠가 되기도, 엄마가 되기도, 자식이 되기도 한다. 혹은 직
장 상사, 부하, 동료, 선배, 후배 등이 되기도 한다.

단어들도 마찬가지다. 문장 속에서 부여받는 정체성에 따라 역할의 종류와
범위가 명확하게 정해진다. **남자의 경우 아빠나 자식이 될 수 있지만, 엄마
가 될 수는 없는 것과 같다..**

▣ 기본 원칙

☐ 품사란 단어의 쓰임새와 관련한 고유한 성질을 말한다. 명사, 대명사, 형용사, 부사, 동사, 전치사, 접속사, 감탄사 등으로 나눈다.

☐ 명사는 사물, 사람, 추상적인 개념 등을 나타내는 말이다.
   예) book, dog, love…

☐ 대명사는 명사를 대신하거나 앞에서 언급되었던 긴 말을 반복할 때 사용하는 말이다.
   예) it, you, him, this…

☐ 형용사는 감정이나 상태를 나타내는 말로 주어의 상태를 설명하거나 명사를 수식한다.
   예) beautiful, lazy, natural…

☐ 부사는 동사, 형용사, 다른 부사를 수식하는 말이다.
   예) very, sometimes, actually…

☐ 동사는 주어가 어떤 행동을 하는지(일반동사) 혹은 어떤 상태인지(be 동사)를 설명해 주는 말이다.
   예) 일반동사_ swim, eat, teach… / be 동사_ am, are, is…

☐ 전치사는 명사를 형용사나 부사 역할을 할 수 있게 바꿔 주는 말이다.
   예) on, off, over, at, for…

☐ 접속사는 단어와 단어, 문장과 문장을 연결해 주는 말이다.
   예) and, or, that, which…

☐ 감탄사는 감탄문에서 탄성이나 환호 등을 나타내는 말이다.
   예) wow, hurray, how, oh…

▣ 연습문제

※ 밑줄 친 단어의 품사를 말해 보시오.

01. I <u>forgot</u> to close the window.

02. There are books <u>on</u> the desk.

03. He is a soccer player <u>who</u> came from Brazil.

04. You look very tired <u>and</u> sick.

05. Here we have no one <u>named</u> Tom.

06. You told <u>me</u> to do it.

07. I don't want to see you <u>anymore</u>.

08. The news made her <u>happy</u>.

09. <u>How</u> kind your behavior was!

10. Tell me <u>how</u> we can live without you.

11. <u>Alas</u>, I have won the game!

12. I <u>always</u> respect my father.

13. It depends <u>on</u> the weather if we can go on a picnic.

14. <u>That</u> won't be happening.

15. A <u>fine</u> child becomes a fine man.

#2 징글리쉬

독자 여러분은 내가 처음부터 영어에 소질이 있었다고 생각할 것이다. 실상
은 정반대다. 나는 영어를 포함한 외국어가 정말 싫었다.

영어는 나에게는 고역이고 원수덩어리 그 자체였다. 대학입학 학력고사 시
절 모의고사에서 전체 점수를 한꺼번에 까먹는 것이 다름 아닌 영어였다. 영
어에서의 고질적인 감점을 만회하려면 다른 과목들에서 여유 점수를 확보하
기 위해 몇 배의 노력을 기울여야 했다.

영어에 자신이 없었기 때문에 제2외국어 선택이 필수인 대학들은 아예 지원
고려 대상에서 제외했다. 한마디로 영어를 비롯한 모든 외국어에 소질이 없
었던 것이다. 대학에 들어가서도, 사회생활 초창기에도 영어는 늘 두려움의
대상이었다. 영어만 떠올리면 참 징글징글했다.

그런데, 그랬던 이 김성천이 지금은 전 세계를 돌아다니며 영어로 비즈니스를 하고 있다. 영어로 거래를 제안하고, 영어로 사업을 협상하고, 영어로 상품을 사고판다. 심지어 외국인들을 대상으로 영어로 강의까지 하고 다닌다. 지금은 영어로 말하기가 한국어를 말하듯 일상적이며, 심지어 즐겁기까지 하다.

과연 무엇을 깨달았기에 나의 영어 인생이 이렇게 확 바뀐 것일까? **결론부터 말하자면, 영어에 말하는 공식이 있다는 것을 터득했기 때문이다.** 그래서 이 책을 통해 나의 인생을 확 바꿔준 영어의 공식들을 대한민국 국민들과 기꺼이 공유하고 싶다..

Chapter 05
영어 문장에는
5가지 기본 형식이 있다

한 문장 내에는 각 단어들이 주어, 서술어, 대상(간접목적어/직접목적어), 나머지 말(주격보어/목적격보어)의 역할을 부여받는다. 그 각각의 **역할을 어떻게 구성하느냐**에 따라 5가지 형식의 문장이 만들어진다.

▣ 기본 원칙

□ 모든 문장은 다음의 5가지 형태를 벗어나지 않는다. 단지 수식어가 얼마나 더 붙어 있느냐에 따라 문장의 길이가 달라질 뿐이다.

□ 1형식: 「주어 + 동사」 (주어가 ~한다)
　예) I study.

□ 2형식: 「주어 + 동사 + 보어」 (주어가 ~이 되다)
　　　　「주어 + be동사 + 보어」 (주어가 ~인 상태다)
　예) She became a singer.
　예) I am sad.

□ 3형식: 「주어 + 동사 + 목적어」 (주어가 대상을 ~한다)
　예) She studies English.

□ 4형식: 「주어 + 동사 + 간접목적어 + 직접목적어」 (주어가 ~에게 대상을 ~한다)
　예) He gave me a book.

□ 5형식: 「주어 + 동사 + 목적어 + 목적보어」 (주어가 대상이 ~하도록 한다)
　예) They made me happy.

□ 이러한 5가지 형식의 문장에서는 어느 형식을 막론하고 주어와 동사가 빠짐없이 들어가며, 문장 속 구성 성분들의 순서상 가장 먼저 나온다. 즉, 주어와 동사만 제대로 말해도 의사소통의 70%는 가능하다.

※ 다음 문장의 형식을 말해 보시오.

01. My mother laughed.

02. He became a bus driver.

03. She gave me his watch.

04. I taught my son fishing.

05. They made me angry.

06. The eagle flies high.

07. He is busy.

08. My sister cleaned the room.

09. Jane lend me her ribbon.

10. We call the man our hero.

11. He caught me by the arm.

12. The boy and the girl were in a park.

13. I loved my uncle very much.

14. Mr. Kim gave me his gold ring.

15. They elected the girl president.

Chapter 06
영어 문장은 정해진
순서대로 사용해야 한다

영어가 순서의 언어라는 이야기를 하면 많은 사람들은 우리말은 동사가 마지막에 오지만, 영어는 주어 바로 다음에 동사가 나오고 다른 말이 이어진다고 생각한다. 사실이기는 하지만, 이것은 절반만 맞는 이야기다.

'영어가 순서의 언어다'라는 말의 보다 정확한 의미는 영어는 중요한 말을 먼저 던지고 설명하는 말을 뒤에 계속해서 이어 붙인다는 뜻이다. 예를 들어, 다음과 같은 문장을 보자.

"나는 대학교 2학년 때 사귀었던 수지 닮은 내 첫사랑 은경이를 다시 만났다."

우리말은 '주어(나는)'가 가장 먼저 나온 후 말하고자 하는 행위가 언제 일어난 일인지, 그 행위의 대상이 누구였는지, 그 대상이 어떤 사람인지를 주저리주저리 설명하고 나서야 비로소 내가 '무엇을 했는지'를 나타내는 '동사(만났다)'가 나온다.
반면, 영어로 말할 때는 같은 메시지를 다음과 같이 전달할 것이다.

"I met Eunkyoung, my first love, who looked like Susie whom I fell in love with when I was a sophomore."

앞의 공식들에서 주어, 동사, 그리고 문장성분을 먼저 이야기한 이유가 바로 여기에 있다. 반드시 기억해야 한다. 영어는 중요한 것 먼저 말하고 나중에 천천히 설명한다.

▣ 기본 원칙

□ 영어는 「주어 + 동사/be동사 + (나머지 말)」의 순서이다. 앞에 나온 말을 뒤이어 나오는 말이 계속 보완하고 설명하는 구조이기 때문이다.

□ 영어에서 동사/be동사의 위치는 주어 뒤, 나머지 여타 문장성분이나 수식어들의 앞에 오게 된다.

□ 영어는 「주어 + 동사/be동사」만으로도 문장이 되고 나머지 말(보어)이 추가로 붙으면 보다 더 구체적인 설명을 담은 문장이 된다.

□ 우리말에서는 동사가 문장의 가장 마지막에 나온다. 각 단어 뒤에 조사(은, 는, 이, 가, 을, 를, 에게, 의)를 붙여 문장 안에서의 자격을 부여하기 때문에 순서를 바꿔도 의미 전달이 전혀 어색하지 않은 것이다.
　예) 나는 너를 사랑해 / 나는 사랑해 너를 / 너를 나는 사랑해 / 너를 사랑해 나는

□ 하지만 영어에서는 같은 의미를 전달하려면 오로지 "I love you"만 사용할 수 있다.

▣ 연습문제

※ 주어진 단어나 어구를 적절히 배열하여 문장을 완성하시오.

01. 우리는 불쌍한 아이들을 도왔다.

　　poor / we / the / child / helped

02. 그들은 이태리 식당에서 식사를 했다.

　　ate / at / they / restaurant / an / Italian

03. 나는 아버지께 선물을 드렸다.

　　father / my / I / a / gave / present

04. 그들은 훌륭한 농구 팀이 되었다.

　　basketball / they / team / became / a / great

05. 그녀는 어제 교통사고를 목격했다.

　　accident / saw / traffic / a / yesterday / she

06. 우리에게는 일주일을 먹을 충분한 음식이 있다.

　　enough / have / food / eat / we / for a week / to

07. 톰의 이야기는 우리를 행복하게 해주었다.

　　Tom's / happy / story / made / us

08. 내 프로젝트가 회사를 구했다.

    our / my / save / company / project

09. 국민들은 나를 이 나라의 대통령으로 선출했다.

    me / this / president / people / elected / of / country

10. 나는 우리 집에서 매우 편안함을 느낀다.

    in / I / comfortable / my / home / feel / very

11. 그녀의 어머니는 그녀를 유명한 피아니스트로 만들었다.

    pianist / made / her / her / mother / a / famous

12. 나는 내 친구에게 생일 선물로 콘서트 표를 사줄 것이다.

    I / birthday / friend / a / concert / for / his / will / buy / my
    / ticket

13. 그 왕의 주변에는 많은 거짓말쟁이들이 있다

    the king/ liars / around / of / There / are / lots /

14. 아버지는 아들에게 긴 편지를 썼다.

    his / Father / son / long / letter / wrote / a

15. 어머니가 노트북을 사주셨다.

    a / Mom / me / laptop / bought

#3 말하기가 먼저다

어린 아이들의 지식 습득 과정은 성인들과 다르다. 그들은 오감이 열려 있고, 모든 것들을 자연스레 받아들이며, 스스로 진화한다. 이를 흔히 소위 '스펀지 학습효과'라고 한다.

아이들은 외국어도 이와 같은 과정을 통해 터득한다. 문법이나 단어를 몰라도 왕성한 흡입력으로 무엇이든 빨아들이고 이를 몸에 체화시켜 기억하고 사용한다.

하지만 어린 시절 외국어 습득 경험이 없는 성인들은 영어를 배우는 데 애를 먹는다. 아이들보다 문법 지식도 많고 단어도 많이 아는데 왜 이런 현상이 나타나는 것일까?

그것은 언어를 습득하는 방식에서 아이들과 뚜렷한 차이가 있기 때문이다. 아이들은 문자를 터득하기 이전 자신이 귀로 주워들은 표현을 스스로 말을 해봄으로써 자기 것으로 만든다.

하지만 성인들은 눈으로 익히고 마는 경우가 많다. 귀를 통해 말로 사용해 보는 것이 아니라 눈으로 보고 머릿속에 억지로 저장하려고 하는 것이다.

따라서 성인들이 영어를 구사하려면 배우는 방식부터 바꿔야 한다. 그래서 영어는 말하기가 필수인 것이다. 자기 입으로 직접 말을 해보면 잘 들리지 않던 표현이 자연스럽게 들리기 시작한다. 어른들은 말하기 공식을 체득하여 말하기 훈련을 먼저 하면서 자연스럽게 듣기의 능력이 성장하도록 학습하는 것이 효율적이다.

이제 영어를 머리에 가둬놓지 말고 입으로 꺼내 말을 하자. 처음에는 표현이나 문법이 틀려도 상관없다. 정확한 영어를 구사하는 공식을 익히면서 말이다.

Chapter 07
주어에 따라 뒤따르는
일반동사의 형태가 바뀐다

인칭대명사가 주어로 오는 경우는 뒤이어 붙는 동사에 별다른 표시를 할 필요가 없다. 누가 봐도 'I'나 'You' 'He/She'는 주어의 역할을 담당하는 단어들로 인식한다. 하지만 3인칭 주어 가운데 지시대명사는 뒤따라오는 단어의 정체를 정확히 밝히지 않으면 살짝 오해의 문제가 생긴다.

다음의 예문을 함께 보자. "This offer ~.

이 문장에서 'offer'는 동사인가? 아니면 명사인가? 만약 3인칭 단수인 주어 (this/that) 뒤에 오는 동사에 '-s/-es/-ies'를 붙여서 동사라는 것을 표시해 주지 않는다고 하면 알기 어렵다. 문제의 문장은 '이 제안은 ~다'를 의미하는지, '이것은 ~을 제공한다'를 의미하는지 애매해진다.
이와 같은 혼란을 방지하기 위해 3인칭 단수인 주어 뒤에 따라오는 동사는 일괄적으로 구분을 위한 표시를 '-s/-es/-ies'를 이용해서 한다.

▣ 기본 원칙

□ 주어의 동작이나 행위를 나타내는 일반동사는 어떤 주어가 오느냐에
  따라 현재형 동사의 형태가 변한다.

□ 3인칭 단수인 He가 주어가 될 경우 현재형 일반동사는 '-s/-es/-ies'
  등으로 바꿔 준다.
  예) He reads newspapers everyday.

□ 3인칭 단수인 She가 주어가 될 경우 현재형 일반동사는 '-s/-es/-ies'
  등으로 바꿔 준다.
  예) She studies very hard.

□ 3인칭 단수인 It이 주어가 될 경우 현재형 일반동사는 '-s/-es/-ies' 등
  으로 바꿔 준다.
  예) It goes against my will.

□ 단수인 명사가 주어일 경우 현재형 일반동사는 '-s/-es/-ies' 등으로
  바꿔 준다.
  예) Han river runs from the east.

□ 3인칭 단수와 단수인 명사에서 have는 has로 바꾼다.

▣ 연습문제

※ 다음 문장의 동사를 현재형으로 바르게 쓰시오.

01. It (rain) heavily at summer.

02. He (play) baseball after school.

03. My sister (learn) French.

04. My last class (finish) at 4.

05. Time (fly) like an arrow.

06. The captain (have) no idea about it.

07. It (look) quite nice.

08. He (worry) about his son.

09. The princess (guess) she overslept.

10. The early bird (catch) the worm.

11. My sister (work) at the factory.

12. The baby (cry) when he feels hungry.

13. The dog (bark) at the strangers.

14. He (have) a dream to buy a fine house.

15. She (sell) hats at her shop.

Chapter 08
주어에 따라 뒤따르는 be동사의 형태가 바뀐다

동사는 크게 상태를 나타내는 'be동사'와 동작을 나타내는 일반동사로 나눈다. 있고 없음(존재/부존재)이나 주어의 상태를 이야기하는 역할을 맡는 것이 바로 'be동사'다.

우선순위를 매기는 것이 중요하지는 않으나, 동작을 나타내는 일반동사보다 의미적으로 볼 때, 언어습득 과정상 'be동사'를 먼저 학습하게 되지 않나 싶다.

그래서일까. 'be동사'는 종류도 인칭과 단/복수 별로 5가지나 된다. 또한 'be'라는 별도 형태로 동사원형을 가지고 있다.

▣ 기본 원칙

☐ 주어의 상태나 존재를 나타내는 be동사는 어떤 주어가 오느냐에 따라
현재형 동사의 형태가 변한다.

☐ 1인칭 단수인 I가 주어가 될 경우 현재형 be동사에는 am이 따라온다.
예) I am a historian.

☐ 2인칭 단수인 You가 주어가 될 경우 현재형 be동사에는 are가 따라온다.
예) You are a soldier.

☐ 3인칭 단수인 He/She/It이 주어가 될 경우 현재형 be동사에는 is가
따라온다.
예) He is my boyfriend.
　　She is very smart.
　　It is cold winter.

☐ 3인칭 단수 명사가 주어가 될 경우 현재형 be동사에는 is가 따라온다.
예) The cat is an independent animal.

☐ 1인칭 복수인 We, 2인칭 복수인 You, 3인칭 복수인 They가 주어가
될 경우 현재형 be동사에는 are가 따라온다.
예) We are close friends.
　　You are my enemy.
　　They are all diligent workers.

☐ 복수 명사가 주어가 될 경우 현재형 be동사에는 are가 따라온다.
예) Rivers are the main source of fresh water.

▣ 연습문제

※ 다음 문장에 알맞은 be동사의 현재형을 쓰시오.

01. You (　　) my sunshine.

02. She (　　) my best friend.

03. My brother (　　) a dancer.

04. Fruits (　　) good for health.

05. You (　　) all aware of this I know.

06. It (　　) of no use crying over spilt milk.

07. I (　　) kind and gentle.

08. We (   ) able to do the work.

09. They (   ) strange people.

10. Tigers (   ) fearless and strong.

11. Vietnam (   ) a fast growing country.

12. Excercise (   ) necessary to keep you healthy.

13. I (   ) happy to go with you.

14. It (   ) our duty to keep the rules.

15. We (   ) all young and pretty.

#4 영어, 우리말과 무엇이 다른가?

영어와 한국어는 다르다고 말한다. 이제부터 두 언어가 구체적으로 무엇이 어떻게 다른지 살펴보자.

먼저 우리말은 조사와 어미가 발달한 언어다. 각 품사들 뒤에 무엇을 붙이느냐에 의해 문장에서의 역할(문장성분)이 결정된다.

다음 문장을 보자. "장난 나랑 지금 하냐?", "나랑 장난 지금 하냐?", "장난 (을) 하냐 나랑 지금?"

이처럼 단어들의 위치를 요리조리 바꿔도 문법적으로 크게 문제가 안 됨은 물론 그 내용을 이해하는 데도 전혀 지장이 없다.

하지만 영어는 다르다. "I love you."라는 문장에서 단어의 위치를 "Love you I." 혹은 "You love I."로 바꿔 보자.

어떠한가? 그렇다. 의미는 둘째 치고 문장 자체가 성립이 안 된다. 이 점이 우리말과 영어의 가장 큰 차이다.

따라서 우리말을 영어로 옮길 때에는 영어 문장 구성의 순서가 자연스럽게 먼저 떠올라야 한다. 이 부분이 영어 말하기의 가장 핵심적인 공식이다.

이 밖의 몇 가지 중요한 공식들을 숙지하면 열리지 않던 입이 슬슬 영어로 말하기를 시작함을 느끼게 될 것이다. 파이팅~!

Chapter 09
상태의 형용사와
동작의 동사를 구분하라

우리말로 옮기면 동사인 것 같은데 영어에서는 사실 동사가 아닌 단어들이 있다. 이는 'be동사'의 특수한 성질 때문에 그렇다. 'be동사'가 상태를 나타내다 보니 상태에 대한 구체적인 설명으로 뒤따라오는 단어를 동사로 쉽게 오해를 하는 경우다.

뿐만 아니라 우리말로 '~다'로 끝나는 말이 대부분 동사다 보니 (예. 뛰다, 먹다) '~다'로 끝나는 단어를 쉽게 동사라고 생각한다. (예. 행복하다, 슬프다) 기억하자. 영어에서는 상태를 나타낼 때 반드시 'be동사'를 사용해야 한다. 'be동사 + 형용사'가 주어의 상태를 완성한다.

설명의 편의상 구분하자면 "I am happy."(나는 기쁘다/기분좋다/행복하다.) 에서 '기쁜/기분 좋은/행복한'의 역할을 'happy'라는 형용사가 맡는 것이고, '~하다'의 역할은 'be동사'(이 문장에서는 am)가 맡는다. 형용사는 '주어가 ~한 상태이다'라는 'be동사'가 먼저 나와야 설명으로 뒤따라 붙을 수 있다.

▣ 기본 원칙

□ 형용사는 보통 감정/상태를 나타내며, 동사는 동작/행위를 나타낸다.

□ 일반동사는 스스로 움직인다. 반면에 형용사는 반드시 be동사와 함께 움직인다. 형용사를 익힐 때는 아예 be동사와 함께 말하는 연습을 하는 것이 좋다.

□ 이 구분으로도 명확하지 않은 경우 다음 기준으로 동사와 형용사를 구분한다.

　▷ '~ㄴ다'를 붙여서 말이 되면 동사, 어색하면 형용사
　　예) 걷는다(동사) / 예쁘다(형용사)

　▷ 명령형으로 만들어서 말이 되면 동사, 어색하면 형용사
　　예) 먹어(동사) / 흐드러져(형용사)

　▷ 청유형으로 만들어서 말이 되면 동사, 어색하면 형용사
　　예) 잘까?(동사) / 행복할래?(형용사)

□ 형용사는 주어의 상태를 나타내는 역할 외에도 명사를 앞이나 뒤에서 수식함으로써 설명을 하기도 한다.

▣ 연습문제

※ 다음 단어가 형용사인지 동사인지 구분하시오.

01. funny(동사 / 형용사)

02. different(동사 / 형용사)

03. enjoy(동사 / 형용사)

04. love(동사 / 형용사)

05. grow(동사 / 형용사)

06. real(동사 / 형용사)

07. beautiful(동사 / 형용사)

08. die (동사 / 형용사)

09. wish (동사 / 형용사)

10. care(동사 / 형용사)

11. mad (동사 / 형용사)

12. think (동사 / 형용사)

13. spend(동사 / 형용사)

14. old (동사 / 형용사)

15. blame (동사 / 형용사)

Chapter 10
일반동사와 be동사는
서술어가 된다

▣ 기본 원칙

☐ 일반동사는 그 자체로 서술어가 된다.

▷ We moved to Busan.

☐ be동사는 명사와 함께 쓰여 서술어를 만든다.

▷ I am a nurse.

☐ be동사는 형용사와 함께 쓰여 서술어를 만든다.

▷ I am smart.

▣ 연습문제

※ 다음 문장에서 서술어에 밑줄을 치시오.

01. I want to become a politician.

02. He ordered me to go there.

03. It was the best way to earn the money.

04. Rabbits run faster than the tortoises.

05. The elephant is a big animal.

06. I bought a new camera.

07. The company opened a new shop.

08. This house is mine.

09. The earth turns around the sun.

10. The moon is shining in the sky.

11. We do not care about it any more.

12. They were at the playground together.

13. The stars were shining bright that night.

14. I was surprised to see such a big castle.

15. He grew up to be a good soldier.

#5 문장의 절반은 이미 말할 수 있는 공식

영어 문장의 5형식을 기억하는가? 평서문의 5가지 형식은 아래와 같다.

1형식:「주어 + 서술어」

2형식:「주어 + 서술어 + 보어」

3형식:「주어 + 서술어 + 목적어」

4형식:「주어 + 서술어 + 간접목적어 + 직접목적어」

5형식:「주어 + 서술어 + 목적어 + 목적보어」

위 5형식의 핵심은 각 문장성분은 지정된 위치에 반드시 들어가야 한다는 것이다. 하나라도 순서가 바뀌면 문장 자체가 성립이 안 된다는 의미다.

그런데 자세히 보면 5가지 문장의 형식들에는 공통점이 있다. 그것이 보이는가? 맞다! 모든 형식의 앞부분이 「주어+서술어」로 동일하다는 것이다.

이는 아주 중요한 영어의 공식이다! 영어의 모든 문장에는 '주어'와 '서술어'가 꼭 들어간다는 공식이다. 평서문의 경우 「주어+서술어」의 위치는 늘 맨 앞이라는 공식이기도 하다.

누구나 다 안다고 생각하지만 이를 원칙으로 이해하는 사람은 드물다. 뭔가를 영어로 말하고 싶은가? 그렇다면 주어와 서술어만 먼저 뽑아보면 된다.

이 공식만 알고 있다면 이미 영어 문장의 절반은 완성된 셈이다. 나머지는 그 뒤에 부가적인 살을 붙이면 된다.

Chapter 11
조동사는 be동사와
일반동사 앞에 붙는다

동작이나 상태를 단독으로 나타내지는 않지만 동사를 도와 구체적인 의미를
살려 주는 단어들이 있다. 이것을 조동사라고 부른다. 예정, 가능, 의지, 의무,
허가 등 동사의 의미를 좀 더 맛깔나게 만들어 준다고 보면 된다.
다음과 같을 말을 살펴보자.

"나는 영화관에 간다."
"나는 영화관에 갈 수 있다."

두 말은 조동사가 있고 없음으로 해서 뉘앙스가 살짝 다르다. 두 번째 말이
바로 조동사가 사용된 말이다. 그렇다면 여기서 질문 하나. 조동사는 동사의
앞에 와야 할까, 아니면 뒤에 와야 할까?

영어는 순서의 언어라는 말을 기억할 것이다. 중요한 것 먼저, 주어로부터 가까운 것 먼저다! 이 원칙을 떠올리면 답은 간단하다.

"주어 + (머릿 속에 든 주어의) 의도/뉘앙스 + (그 의도가 드러난 구체적) 행동 + 행동의 영향이나 대상 + ……."

이런 어순이 영어에서는 자연스럽다. 따라서 예로 든 두 번째 말을 영어로 말하면, "I can go to the cinema." [can; 조동 사 / go; 동사] 이렇게 된다.

중요한 것이 하나 있다. 동사를 돕기 위한 목적으로 조동사를 사용하는 것이기 때문에 동사가 담당하는 모든 부수적인 역할(시제, 단/복수)은 조동사에 떠넘기고 원형만 남기면 된다는 점이다.

▣ 기본 원칙

□ 조동사는 be동사나 일반동사 앞에서 해당 be동사나 일반동사를 도와 어떤 특정한 의미를 보완해 주는 역할을 하는 동사이다.

□ 조동사 뒤의 be동사나 일반동사는 모두 원형이다.
  ▷ I will go to the theater tomorrow.
  ▷ It will be fun.

□ 조동사는 그 자체로 시제 변화를 한다. 인칭과 단수/복수에는 영향을 받지 않는다.
  ▷ She will buy a car.
  ▷ We will sell this building.

□ will은 단순 미래나 의지를 나타내는 조동사이다. 과거형은 would이다.

□ He says I will become a king. (단순 미래)
  ▷ He said I would become a king. (단순 미래)
  ▷ I will live in New York. (의지)
  ▷ I thought I would live in New York (의지)

□ can은 가능성, 능력, 객관적인 허가 등을 나타내는 조동사이다. 과거형
   은 could이다.

   ▷ I can take part in your party tonight. (가능성)

     I could take part in your party last night. (가능성)

   ▷ I can read and write. (능력)

     I could open the box. (능력)

   ▷ You can eat at this restaurant. (허가)

     (원래 먹을 수 있는 레스토랑을 말한다.)

□ may는 가능성이나 허가를 나타내는 조동사이다. 과거형은 might이다.
   can보다 더 낮은 가능성을 나타낸다.

   ▷ She may be the one I am finding. (가능성)

   ▷ The show might finish earlier than I expected. (가능성)

   ▷ You may eat at this restaurant. (허가) /

     (내가 허락해서 먹을 수 있는 레스토랑을 말한다.)

□ must, should, ought to 등은 의무를 나타내는 조동사이다.

   ▷ We must do the homework.

   ▷ I should clean the room myself.

   ▷ You ought to keep your promise.

□ 이 밖에 need, have to, dare, be supposed to 등은 나중에 배우기
   로 한다.

▣ 연습문제

※ 다음 문장에 들어갈 적당한 조동사를 써넣으시오.

01. 내일 눈이 올 것이다.

   It (　　　) snow tomorrow.

02. 그는 시험을 보겠다고 말했다.

   He said he (　　　) take the exam.

03. 나는 프랑스어를 말할 수 있다.

   I (　　　) speak in French.

04. 너는 법을 지켜야 한다.

   You (　　　) keep the laws.

05. 그녀는 차를 살 수 있었다.

   She (　　　) buy a car.

06. 그녀는 내일 올지도 모른다고 말했다.

   She said she (　　　) come tomorrow.

07. 너는 내일 소풍을 가도 된다.

   You (　　　) go on a picnic tomorrow.

08. 우리는 9시에 잠자리에 들어야 한다.

We ( ) go to bed at 9 p.m.

09. 에이미는 곧 이곳을 떠날 것이라고 말했다.

Amy said she ( ) leave here soon.

10. 톰은 그곳에 제 시간에 도착했을지도 모른다.

Tom ( ) get there in time.

11. 너는 우리에게 진실을 말해야 해.

You ( ) tell the truth to us.

12. 소금 좀 건네주시겠어요?

( ) you pass me salt please?

13. 그녀는 시험에 통과할 것 같다.

She ( ) pass the exam.

14. 너는 오늘 밤 파티에 가도 돼.

You ( ) go to the party tonight.

15. 우리는 우리 부모님께 복종해야 해.

We ( ) obey our parents.

Chapter 12
대명사는 역할에 따라
위치와 형태가 바뀐다

명사를 대신해서 사용되는 모든 말은 대명사라고 불린다. 명사를 대신하고 있기 때문에 문장 내에서의 명사 역할(주어/목적어/보어)은 동일하다. 또한 문장 내에서 배열되는 위치도 문장성분의 배열 원칙을 따라야 한다. 다만, 인칭대명사의 경우 명사와는 달리 주인공(주어)인지, 동작의 대상(목적어)인지, 소유관계의 주체(소유격)인지에 따라 형태를 달리한다.

▣ 기본 원칙

□ 대명사는 특정 명사를 대신해서 쓰거나 앞에 나와 있는 명사를 다시 언급할 때 대신해서 쓰는 명사다.

□ 대명사도 명사의 성질을 그대로 가지고 있으므로 문장에서 주어, 목적어, 보어로 사용된다.

□ 대명사의 종류에는 인칭대명사, 지시대명사, 관계대명사, 부정대명사, 재귀대명사, 의문대명사, 소유대명사가 있다. 구체적인 것은 별도로 다룬다.

□ 주어로 사용되는 대명사는 문장의 가장 앞에 오며 동사나 be동사를 이끈다.
  ▷ I want to study in USA.
  ▷ They are good boys.

□ 목적어로 사용되는 대명사는 3,4,5형식 문장에서 동사 바로 뒤에 온다.
  ▷ He eats banana everyday. He likes it. (3형식)
  ▷ I bought a book. I gave it to my daughter. (3형식)
  ▷ She have a dog. She calls it Pipi. (3형식)

□ 목적어로 사용되는 대명사는 보어로도 사용될 수 있다.
  ▷ My question is like this.
  ▷ It is he who broke the window.

□ 목적어로 사용되는 인칭대명사는 형태가 바뀐다!!!!!

주격	목적격	소유격	소유대명사
I	me	my	mine
You	you	your	yours
He	him	his	his
She	her	her	hers
They	them	their	theirs

▷ She loves me, but I don't love her.

▷ He hates them, and they hate him too.

▷ This is a new watch. I bought it at the department store.

▣ 연습문제

※ 앞 문장에서 지정한 대명사를 그 다음 문장에 넣을 때, 적절한 위치를 고르시오.

01. My son wants to have a toy. (toy = it)

    ▶

    I (①) will (②) present (③) on (④)his birthday.

02. I have two brothers. (brothers= them)

    ▶

    I (①) love (②) very (③) much (④).

03. Jane buys an apple after dinner. (Jane = she)

    ▶

    (①) eats (②) it (③) after (④) dinner.

04. We have a lovely cat. (a lovely cat = it)

    ▶

    (①) We (②) call (③) Nero (④).

05. My mother bought me a sweater. (My mother = she)

▶

It was (①) who (②) bought (③) me (④)   a sweater.

06. Our teacher moved to America last year. (America = there)

▶

She (①) will (②) live (③) rest of (④) her life.

07. The president visited the museum. (The president = He)

▶

(①) made (②) a very good (③) speech there (④).

※ 다음 문장에서 밑줄 친 대명사의 역할(문장성분)을 맞추시오.

01. <u>They</u> believe that the earth is round.

02. I make <u>it</u> a rule to sleep at 10 p.m.

03. My original plan was <u>this</u>.

04. My friend has a bicycle but I don't have <u>it</u>.

05. It is <u>you</u> who can save our life.

06. I bought a book and read <u>it</u> overnight.

07. The bridge was broken and <u>it</u> killed many people.

#6 '주어+동사'란 무엇인가?

앞에서 본 문장의 5형식을 보면 '주어 + 서술어'라고 적혀 있다. 그런데 이것을 '주어+동사'로 암기하고 있는 사람이 많을 것이다.

그렇다면 우리는 왜 '주어 + 서술어'를 '주어+동사'로 자연스럽게 외워 왔을까? 혹시 잘못 배웠거나 잘못 암기한 건 아닐까?

아니다! 두 표현은 모두가 옳다. 문장성분 중 '서술어'의 위치에 들어올 수 있는 '품사'는 '동사'뿐이기 때문이다. 물론 'be 동사'도 포함해서 말이다. 이 또한 중요한 공식이다.

이처럼 문장을 구성하는 각 문장성분에 들어갈 수 있는 품사들은 정해져 있다. 서술어에는 동사만이 들어갈 수 있고, 주어에는 명사류의 품사들만 들어갈 수 있다.

8개의 품사(8품사)는 문장 속에서 고유한 역할을 수행하며, 이때 문장성분(주어, 서술어, 목적어, 보어)이 된다. 품사와 문장성분을 이해하면 영어가 더 잘 보이기 시작한다.

Chapter 13
동사를 명사로 바꾸어 활용할 수 있다

요즘 젊은이들의 대화를 들어 본 적이 있는가? 가끔은 외계어를 듣는 듯 무슨 단어 조합인지 가늠도 안 되는 말을 하는 경우를 본다. 이를 두고 올바르지 못한 언어생활이나 언어파괴라는 말을 한다.

규칙이 말을 따라가는 것이 맞을까, 아니면 말이 규칙을 따라가는 것이 맞을까? 시간이 흐르고 나면 얼토당토않아 사라져 버리는 언어 습관들은 우리의 말에 반영이 되지 않지만 그렇지 않은 말들은 살아남아 언어의 규칙에 영향을 미치게 된다. 그것이 또 옳다. 말도 살아 있는 생명체와 같기 때문이다.

동사는 서술어로만 사용될 수 있다고 우리는 규칙으로 정했으나 말을 하다 보면 동사를 주어나 목적어로 사용하고 싶어지는 경우들이 생긴다. 다음 문장을 예로 들어보자.

"영화 보는 것은 재미있다."

이 문장은 "영화는 재미있다."와 다르다. 영화를 보는 행위가 즐겁다는 의미이니 주어가 될 수 없는 동사(보다)가 주어 자리를 차지하고 있는 꼴이다. 말은 되는데 규칙이 발목을 잡고 있는 이런 상황을 해결하기 위해 동사를 명사화하는 방법을 고안해 냈는데 그 가운데 하나가 동사원형에 '-ing'를 붙이는 방법이다. 우리말로 한다면 '영화보기' 정도가 되겠다. 이번 챕터에서는 동사를 명사처럼 바꿔 주어/목적어/보어로 사용하는 방법을 연습한다.

■ 기본 원칙

□ 일부 동사를 제외한 거의 모든 동사는 어미에 -ing를 붙여 명사의 형
태로 바꿀 수 있다. 이를 동명사라고 한다.

▷ eat ---〉 eating

▷ swim ---〉 swimming

▷ take a walk ---〉 taking a walk

□ 동명사는 주어로 사용된다.

▷ Swimming is very important to me.

□ 동명사는 목적어로 사용된다.

▷ I enjoyed swimming with my friends.

□ 동명사는 보어로 사용된다.

▷ The most important thing in my life is swimming.

□ 동명사인 목적어만 취하는 동사로는 enjoy, finish, mind, keep, give
up, avoid, deny 등이 있다.

▷ I enjoy playing the violin. (O)

▷ I enjoy to play the violin. (X)

※ 다음 문장에서 주어진 동사를 알맞은 동명사로 고치시오.

01. I enjoy (play) the viola.

02. She finished (write) the book.

03. (Study) English is very fun.

04. They kept (go) to church on Sundays.

05. My duty is (wash) the dishes.

06. (drink) everyday will harm your health.

07. Friendship is (believe) your friend's words.

08. My hobby is (cook) Italian food.

09. I think (take) a walk is good for health.

10. (make) true friends is not easy.

11. I like (read) a newspaper in the morning.

12. (Watch) you reminds me of your father.

13. We finished (work) at 6 PM.

14. I'm excited about (go) to the Disneyland.

15. My hobby is (collect) stamps.

Chapter 14
동사 앞에 to를 붙여
명사, 형용사, 부사로 활용할 수 있다

모앞장에서 동사 형태를 살짝 바꿔 명사처럼 문장에서의 역할을 다양하게 확장하는 방법에 대해 배웠다. 이번에는 동사의 활동범위를 더욱 넓히는 또 다른 방법 하나를 소개할까 한다.

동사원형 앞에 to를 붙이면 명사가 하는 역할뿐만 아니라 형용사(명사를 수식, 특정 대상에 대한 설명)나 부사(동사, 형용사, 다른 부사를 설명)가 하는 역할까지도 할 수 있게 되는데 이를 'to부정사'라고 부른다.

■ 기본 원칙

□ 형태 : 동사의 원형 앞에 to를 붙여 사용한다.

   ▷ eat ---〉 to eat

   ▷ swim ---〉 to swim

   ▷ take a walk ---〉 to take a walk

□ to부정사에는 명사적 용법, 형용사적 용법, 부사적 용법이 있다. 각각의
역할은 해당 품사의 역할과 동일하다.

   ▷ 명사적 용법

     : To eat an apple is what I want. (주어)

     : I want to eat an apple. (목적어)

     : What I want now is to eat. (보어)

   ▷ 형용사적 용법

     : I want something to eat. (앞의 명사 something 수식)

     : There is no book to read here. (앞의 명사 book 수식)

     : I have some tickets to give you. (앞의 명사 tickets 수식)

   ▷ 부사적 용법

     : She went to New York to study fashion.

      (앞의 동사 went를 수식한다)

     : It's very nice to see you.

      (앞의 형용사 nice 수식)

     : Please tell me how to get to the hotel.

      (앞의 부사(의문사) how 수식)

※ 다음 문장에서 주어진 동사를 알맞은 to부정사로 고치시오.

01. I want (play) the recorder.

02. She want to buy some books (read).

03. I went to Russia (study) Russian economy.

04. They promised (go) to temple tomorrow.

05. My dream is (become) a professor.

06. I don't know what (say) about the bad news.

07. I don't have money (buy) a car.

08. He got up early (see) the sun rising.

09. I make it a rule (get up) early in the morning.

10. We hope (meet) our old teacher.

11. They went to the library (return) some books.

12. We decided (go) to the concert.

13. Suzy was the first student (know) the answer.

14. (take) a picture is exciting.

15. I was glad (meet) her at the same class.

#7 시작이 중요하다

영어가 안 되어 힘겨워하던 20대의 시절, 두 번째 직장에서 나는 팀장님으로 부터 이런 말씀을 들었다.

"김성천 씨는 목소리가 좋아서 영어가 멋있겠어요. 그러니까 영국 시장을 맡 아서 세일즈를 해 보세요."

"허걱ㅠㅠ." 나에겐 청천벽력이었다. 한마디로 단지 목소리 때문에 원어민 마켓을 맡게 된 것이었다.

직장상사의 거부할 수 없는 명령이었으며, 사실상 내가 효율적인 영어학습 에 몰두하게 된 동기가 된 순간이었다.

남보다 늦은 상태에서 영어를 하려니 일단 말부터 하는 것이 급했다. 아니, 사실은 비즈니스 레터를 쓰는 게 더 급했다.

비즈니스 레터 역시 말을 글자로 적는 것이어서 일단은 문장을 만드는 훈련이 급선무였다. 그 때문에 속성으로 문장 만들기의 규칙들을 찾기 시작했다. 그런데 이 같은 출발로 인해 현재의 '김성천 영어'가 가능해졌다.

일단 무조건 시작하는 것이 중요하다. 대부분은 완벽한 준비를 마친 후 말하기를 시작하려고 한다. 그런 생각은 이제 접어야 한다.

간단한 규칙들이 학습되면 무조건 입으로 먼저 뱉어라. 그래야 공식으로 갖춘 틀에 영어의 살들을 자연스럽게 붙이는 체험이 시작된다. 급선무는 말이다.

Chapter 15
do/does는
조동사 역할을 한다

어떤 것을 부정하거나 질문을 해야 할 경우가 있다. 구체적인 의문을 나타내는 의문대명사가 있는 경우는 관계없지만 어떤 동작에 대해 '어떤 행동을 했다/아니다' 혹은 '어떤 행동을 했는가?' 여부를 말하려 할 때는 동사만으로 부정과 의문의 의미를 전달할 수 없기 때문에 이를 도와줄 단어가 필요하다. 이때 동사를 돕는 단어가 바로 조동사 'do'다.

〈Chapter 11〉에서 이야기했듯이 조동사는 주인공의 의도를 드러내므로 부정할 때는 동사의 앞에, 질문을 할 때는 의문사의 자리에 오면 된다. 물론 동사가 맡았던 모든 역할 (시제, 단/복수) 모두 끌어안고 말이다.

(부정) He doesn't play the piano for ten hours everyday.
(의문) Does he play the piano for ten hours everyday?

▣ 기본 원칙

□ do/does가 조동사로 드러나는 것은 강조문, 의문문, 부정문에서다.

▷ She does plan to go to Japan this summer. (강조문)

▷ Does she plan to go to Japan this summer? (의문문)

▷ She does not plan to go Japan this summer. (부정문)

□ 강조문을 만들 경우 조동사인 do/does를 일반동사(원형) 앞에 둔다.

▷ She does plan to go to Japan this summer.

□ 의문문을 만들 경우 조동사인 do/does를 맨 앞으로 끌어낸 후 주어 +
일반동사(원형)의 순서를 따른다.

▷ Does she plan to go Japan this summer?

□ 부정문을 만들 경우 주어 + do/does not + 일반동사(원형)의 순서를
따른다.

▷ She does not plan to go Japan this summer?

▣ 연습문제

※ 다음 문장을 지시하는 대로 고치시오.

01. I remember who you are. (부정문)

02. He eats hamburger at lunch. (의문문)

03. They loved each other. (강조문)

04. We want to see you again. (부정문)

05. He makes up his mind to earn money. (강조문)

06. She failed to pass the entrance exam. (의문문)

07. I drank a cup of coffee at the cafe. (부정문)

08. They saved the child at the accident. (강조문)

09. Japan invaded Korea in 1592. (의문문)

10. We ate oranges and lemons as our dessert. (부정문)

11. He made a lot of money. (의문문)

12. I had a very good sleep last night. (부정문)

13. The teacher punished me because I was late at school. (강조문)

14. Mother told the fairy tales to her children every night. (의문문)

15. We go fishing when it rains. (부정문)

Chapter 16
not을 be동사나 조동사 뒤 혹은 일반동사 앞에 붙여 부정문을 만든다

부정하는 말을 할 때 가장 효과적인 방법은 무엇일까? 아마 부정의 대상이 되는 말 앞에 부정을 나타내는 단어를 붙이는 것일 것이다. '일반동사'는 그 자체로 의미를 갖기 때문에 바로 앞에 부정을 나타내는 not을 붙이면 된다.

I don't drink any more.

반면 'be동사'는 그 자체로 상태를 나타내는 말이 함께 따라와 의미가 완성되므로 'be동사' 뒤, 좀 더 정확히는 상태를 나타내는 말 앞에 not을 붙여 부정을 나타낸다.

I am not gloomy..

▣ 기본 원칙

☐ 상태/존재를 부정할 경우에는 〈주어 + be동사 + not + ~〉 형태를 따른다.

 ▷ I am happy.

  ▶ I am not happy.

 ▷ This is a pen.

  ▶ This is not a pen.

☐ 동작을 부정할 경우에는 〈주어 + do(does) + not + 동사원형 + ~〉 형태를 따른다.

 ▷ I like apples.

  ▶ I don't like apples.

☐ 부정문에 대한 대답은 Yes나 No로 한다.

 ▷ Is this a pen?

  ▶ Yes, it is a pen. / No, it isn't a pen.

 ▷ Do you like apples?

  ▶ Yes. I like apples. / No, I don't like apples

☐ 부정문에 대한 대답에서 be동사나 일반동사를 대동사로 바꿀 수 있다,

 ▷ Is this a pen?

  ▶ Yes, it is. / No, it isn't.

 ▷ Do you like apples?

  ▶ Yes. I do. / No, I don't.

▣ 연습문제

※ 다음 문장을 부정문으로 만드시오.

01. I like you.

02. This is a desk.

03. They visited the zoo.

04. She is a stewardess.

05. We draw an elephant.

06. He asked the girl her name.

07. It's very cold here.

08. The shop opens at night.

09. We have a plan to buy a washing machine.

10. She fell asleep.

11. I am tired of writing business letters.

12. They can speak Russian.

13. The weather turned to cold last night.

14. I was informed to visit the school office.

15. Many foreigners work diligently in our plant.

#8 단어 암기는 나중에

우리는 흔히 단어가 딸려서 영어가 안 된다고 생각하는 경우가 많다. 문법에 자신이 있어도 단어를 몰라서 영어로 말하기가 두렵다는 사람들이 부지기수로 많다.

하지만 나의 경험상 비즈니스 세계에서 영어를 사용할 때 보면 우리가 학교에서 보았던 고급 단어들은 의외로 사용하지 않는 경우가 많다. 단언컨대, 중학교 1학년 수준의 영어 단어들이면 일상 영어에 충분하다. 비즈니스 대상에 따라 필요한 전문 용어들만 추가로 습득하면 된다.

교육부가 제시한 중학교 필수 단어는 1,800개 정도다. 초등학교 필수 단어는 900개 정도다. 둘이 합쳐서 2,700개 정도이니, 3,000개도 안 되는 단어만 알아도 영어에 지장이 없다. 2,700개 중 1,500개는 이미 알고 잇는 단어일 가능성이 많다. 그렇다면 나머지 1,200개 정도만 더 외워주면 된다.

그렇다면 모르는 것은 어떻게 표현하는가라는 의문이 생길 것이다. 가령 외국에서 병원에 가서 '나는 관절염이 있다'라는 말을 해야 한다고 치자. '관절염'을 모를 때는 어떻게 할 것인가?

관절염은 'arthritis'라고 하지만 이런 단어를 모른다고 해도 표현 방법은 얼마든지 있다. 'I have a problem in my joint.' 혹은 'I feel bad at my leg when walking', 혹은 'I can't walk well.'이라고만 해도 외국인 의사는 금방 알아듣는다.

영어 단어를 꼭 정해진 것으로 알고 말할 필요는 없다. 기존에 아는 기초 단어로 창의성을 발휘하면 된다.

일단 먼저 중요한 것은 말하고 싶은 내용을 말할 수 있도록 구조를 잡는 훈련부터 해야 한다는 것이다. 어려운 단어, 어려운 표현들은 나중에 천천히 알아나가도 전혀 문제가 없다.

Chapter 17
목적어를 지닌 능동문은
수동문으로 변경할 수 있다

주어와 동사가 영어에 있어 가장 중요하다는 말을 귀에 못이 박히도록 해왔지만, 말을 하다 보면 주어를 앞에 말하기 애매한 경우가 있다. 원어민들도 능동의 표현을 더 좋아하나 다음과 같은 경우 수동으로 보통 표현한다.

1. 주어를 알 수 없거나 중요하지 않을 때

She was elected the queen of May 2018 at the college festival.
그녀는 대학교 축제에서 2018년도 오월의 여왕에 뽑혔다.

▶ 선발한 사람은 있으나 그것이 누구인지 알 수 없고 별로 중요하지도 않다.

2. 객관성을 유지하는 것이 중요할 때

A Korean woman was believed to be killed in Philipine.
한국 여성이 필리핀에서 살해당했다고 추정된다.

▶ 뉴스나 논문 등 아직 진위여부가 밝혀지지 않은 상태에서 객관성을 유지하는 것이 필요하다고 여겨질 때 수동의 형태로 말을 한다.

3. 주어가 너무 길어서 뒤로 빼는 것이 나을 때

The Taj Mahal was built by the emperor who loved the dead queen so much.

타지마할은 죽은 왕비를 너무나 사랑했던 황제에 의해 세워졌다.

▶ 원래 주어는 밑줄 친 부분이나 주어가 너무 길면 소통에 불편함
이 있기 때문에 수동의 형태로 뒤로 빼버린다.

가장 중요한 것은 강조하고 싶은 말이 행동의 주체냐 대상이냐를 기준으
로 수동/능동 여부를 결정한다고 보면 좋다.

▣ 기본 원칙

☐ 능동문에서는 행동이나 행위의 주체가 주어이다. 반면에 수동문에서는
행동이나 행위의 대상이 주어가 된다. 따라서 능동문의 목적어가 수동
문의 주어가 된다.
▷ I write a letter. (능동문)
▷ A letter is written by me. (수동문)

☐ 수동문은 〈주어(대상) +be동사 + 과거분사〉으로 표현된다. 여기서 과
거분사란 일반동사의 시제가 '과거' 라는 의미가 아니라 형태가 일반동
사의 과거형이라는 의미다.
▷ This car is made in Korea.
▷ A lump of bread is eaten by them.

☐ 엄밀하게 말하면 수동문는 어떤 대상이 어떤 행위의 결과 일어난 상태
를 설명하는 것이므로 be동사 문장으로 표현되는 것이다.
▷ I opened the window.
▷ The window was opened by me.

☐ 수동태에 일반적인 행위자 혹은 행위자가 분명하지 않을 경우에는 표
현이 생략될 수도 있다.
▷ The General Lee was killed in the war. (by someone).
▷ Dinosaurs were terminated (by unknown reason).

▣ 연습문제

※ 다음 문장을 수동문으로 만드시오.

01. We ate a lump of chocolate.

02. They study physics.

03. I broke the window.

04. They call him genius.

05. He reads the monthly magazine.

06. He made me to do the homework.

07. I gave him a book.

08. Everyone loves her.

09. He ordered me to deliver a letter to her.

10. We don't allow you to smoke here.

11. Someone stole my wallet.

12. She ordered me not to play before finishing the homework.

13. They greeted me at the shop.

14. The professor wrote this book.

15. We built this playground for our children.

'영어의 시제
(주로 쓰는 영문장 Structure')

말을 만드는 기본적인 뼈대가 중요하며 그 뼈대 안에서도 동사가 핵심적인 역할을 담당하고 있다는 점은 익숙해졌을 것이다. 이제 그 중요한 동사가 상황에 따라 다양한 모습으로 변하는 것을 연습해 보려고 한다. 동사는 다음과 같은 상황에서 변한다.

첫째, 동작이나 상태가 벌어지고 있는 시점이 언제냐를 기준으로 현재/과거/미래로 크게 변한다.

둘째, 이미 종결된 동작(상태)의 결과나 영향을 받고 있는 상황인지 아닌지의 여부로 일반/완료로 나뉜다.

셋째, 동작(상태)이 말하는 시점에도 계속되고 있는지 아닌지의 여부로 단순/진행으로 구분한다.

복잡해 보이는 영어 동사는 사실 이 기준들의 결합 외에 다름 아니다. 이 다양한 가능성 가운데 원어민들이 더 많이, 자주 사용하는 구조가 있는지 실제 명연설문, 영화, 드라마의 스크립트를 분석해 보니 원어민들은 일상 생활에서 짙은 색으로 표시한 아래의 9가지 구조를 70% 이상 사용하고 있었다.

『말하기영어공식 31』에서는 이 9가지 유형을 위주로 연습할 것이나, 시제를 반영한 영문장 Structure의 모든 종류를 파악하기 위해서는, 이 책 후반의 '별첨 : 영문장 Structure Table'을 참고하기 바란다.

현재	일반	단순	She paints.
		진행	She is painting.
	완료	단순	She has painted.
		진행	She has been painting.
과거	일반	단순	She painted.
		진행	She was painting
	완료	단순	She had painted.
		진행	She had been painting.
미래	일반	단순	She will paint.
		진행	She will be painting.
	완료	단순	She will have painted.
		진행	She will have been painting.

Chapter 18
시제 연습 01:
능동 현재 일반 단순

TALK TIP_ 늘 벌어지는 일(해가 뜨고 지는 일, 개인의 습관, 진리 등)이나

지금 이 순간에 발생한 사건(혹은 상태)을 말할 때

◼ 기본 원칙

□ 평서문은 「일반동사의 현재형」으로 표현한다.

  ▷ I close the window at night.

□ 현재의 상태를 나타낼 때는 be동사 현재형을 사용한다. be동사의 형태
는 주어에 일치시킨다.

  ▷ It is warm spring.

  ▷ I am a lawyer.

□ 3인칭(he, she, it) 단수가 주어가 될 경우 일반동사는 -s 또는 -es로
바꾼다.

  ▷ He closes the window at night.

□ Yes/No 의문문은 「Do 조동사 + 주어 + 일반동사 원형」으로 표현한다.

  ▷ Does he close the window at night?

   Yes, he does. / Ne he doesn't.

□ 의문문은 「의문대명사 + do 조동사 + 주어 + 일반동사 원형」으로 표
현한다.

  ▷ When does he close the window?

▣ 연습문제

※ 다음 문장들의 동사를 현재 일반 단순형에 맞추어 수정해서 넣으시오.

01. He (study).

02. The wind (blow).

03. Her daughter (is) pretty.

04. She (fall) asleep.

05. They (eat) ice cream.

06. They (visit) the zoo.

07. He (give) his mom a present.

08. He (ask) the girl her name.

09. Her son (make) her mad.

10. People (think) him rich.

11. We (buy) a newspaper.

12. She (dance) at the stage.

13. He (play) with his son.

14. They (order) toast and eggs.

15. She (take) a walk at the park.

#9 원어민에게 양해를 구해도 된다

비즈니스 영어 수준만 훈련했다가 영어권의 원어민들의 유창한 영어와 마주치면 당황하지 않을 수 없다. 하지만 이를 극복할 방법은 있다.

나는 대게 이렇게 말한다. "제가 원어민이 아니어서요. 죄송하지만, 조금만 천천히 조금만 쉬운 단어들로 이야기해 주실 수 있으실까요?"

상대방이 어떻게 나올 것 같은가? 나를 비웃을까? 천만에 말씀이다. 그들은 대개 "Oh~ I'm very sorry. I will slow down."이라고 답해 준다. 그러면 다음부터는 쉬운 수준의 영어로 충분한 소통이 가능해진다.

왜 그럴까? 첫째, 제대로 교양 있는 외국인이라면 일반적으로 우리가 아무리 영어를 잘해도 그들은 우리가 영어가 모국어가 아니라는 점을 이해한다. 따라서 잘 모르는 표현이 있다고 얘기를 하는 것이 전혀 창피한 게 아니다. 둘째, 그들도 자기 얘기를 이해시키는 것이 중요하다는 점을 안다. 따라서 어렵게 얘기했을 때 내가 못 알아들을 경우 자신에게도 이득이 될 것이 없음을 안다.

영어권에서 학사, 석사, 박사 학위를 위한 공부할 계획이 아니라면 쉬운 영어로도 충분하다. 눈높이를 낮추자. 우리의 목적은 미국 TV 드라마나 영화를 원어민처럼 보는 것이 아니다. 그냥 어쩌다가 외국으로 여행을 가거나 업무상 필요할 때 의사소통 정도면 되는 것이다.

쉬운 영어부터 공략하여 시작하자.

Chapter 19
시제 연습 02:
능동 현재 일반 진행

TALK TIP_ 현재 계속하고/되고 있어서 아직 종결되지 않은 어떤 일을 말하고자 할 때

▣ 기본 원칙

□ 평서문은 〈be동사 + 일반동사 + -ing〉로 표현한다.

▷ I am closing the window.

□ be동사는 인칭에 따른 변형을 따른다.

▷ I am closing the window.

▷ You are closing the window.

▷ He is closing the window.

▷ We are closing the window.

▷ You are closing the window.

▷ They are closing the window.

□ Yes/No 의문문은 〈be동사 + 주어 + 일반동사 + -ing〉로 표현한다.

▷ Is she closing the window?

□ 의문사 의문문은 〈의문대명사 + be동사 + 주어 + 일반동사 + -ing〉로 표현한다.

▷ When is she closing the window?

▣ 연습문제

※ 다음 문장들의 동사를 현재 일반 진행형에 맞추어 수정해서 넣으시오.

01. He (study).

02. The wind (blow).

03. Her daughter (go) to the post office.

04. She (fall) asleep.

05. They (eat) ice cream.

06. They (visit) the zoo.

07. He (give) his mom a present.

08. He (ask) the girl her name.

09. Her son (make) her mad.

10. People (think) about their future.

11. We (buy) a newspaper.

12. She (dance) at the stage.

13. He (play) with his son.

14. They (order) toast and eggs.

15. She (take) a walk at the park.

#10 너무나도 중요한 do

다들 영어 단어 do를 알고 있을 것이다. 이번에는 너무나도 중요한 동사 do 가 어떤 역할들을 하는지 요약해 보고자 한다. do는 다음의 4가지의 기능을 한다.

첫째, 그냥 우리가 알고 있는 일반적인 동사로서의 do를 말한다. '~하다'라는 의미로 쓰이는 동사이다.

둘째, 뭔가를 돕는 역할을 하는 do이다. 문장에서 단어의 위치가 중요하다고 한 말을 기억하기 바란다. 따라서 문맥 파악에 필수적인 중요한 일반동사들은 자기 자리를 지키려는 성향을 가진다. 평서문을 부정문이나 의문문 등으로 바꾸려 할 때 중요한 일반동사는 자기 자리를 지키려 한다. 따라서 이를 돕기 위한 도우미로 do가 등장한다. 이 조동사 do가 일반동사를 대신하여 위치도 변경하고 형태도 변경한다. 일반동사를 돕는 do는 '도울 조' 자를 쓰는 조동사 역할을 한다.

셋째, 다른 일반동사의 의미를 대신 전달하는 대동사 do이다. 예를 들어 "Do you love her?"라는 질문에 "Yes, I do."로 대답하는 경우를 보면, 앞 문장의 do는 조동사이고, 뒤 문장의 do는 'love'의 의미를 대신 전달하는 대동사이다. 같은 단어를 반복해서 사용하기 싫어하는 영어의 속성 때문에 '대신할 대' 자를 쓰는 대동사로 기능한다.

넷째, 일반동사의 내용을 '강조'하여 어필하고 싶을 때에도 do가 등장한다. 예를 들어 "I love you."와 "I do love you."를 비교해 보면 된다. 뒤 문장은 앞 문장보다 내가 당신을 엄청나게 또는 정말로 사랑한다는 의미다. 일반동사의 의미를 더 강한 어감으로 전달하고 싶을 때 '강조'의 do가 일반동사 앞에 불쑥 나타날 수 있는 것이다. 문장에서 do를 지워도 완전한 문장이 되면 강조의 do라고 여긴다.

Chapter 20
시제 연습 03:
능동 현재 완료 단순

TALK TIP_ 사건은 이전에 벌어졌으나 그 영향을 현재 받고 있는 사건/상황

을 말할 때

▣ 기본 원칙

☐ 평서문은 「주어 + have + 일반동사의 과거분사」로 표현한다. 문맥에
따라 완료, 경험, 결과, 계속의 의미로 풀이된다.

▷ I have closed the window.

☐ 3인칭(he, she, it) 단수가 주어가 될 경우 일반동사는 「has + 과거분
사」로 바꾼다.

▷ He has closed the window.

☐ Yes/No 의문문은 「Have + 주어 + 일반동사의 과거분사」로 표현한다.

▷ Has he closed the window?

☐ 의문문은 「의문대명사 + have + 주어 + 일반동사의 과거분사」로 표현
한다.

▷ Why has he closed the window?

■ 연습문제

※ 다음 문장들의 동사를 현재 완료 단순형에 맞추어 수정해서 넣으시오.

01. He (study).

02. The wind (blow).

03. Her daughter (is) pretty.

04. She (fall) asleep.

05. They (eat) ice cream.

06. They (visit) the zoo.

07. He (give) his mom a present.

08. He (ask) the girl her name.

09. Her son (make) her mad.

10. People (think) him rich.

11. We (buy) a newspaper.

12. She (dance) at the stage.

13. He (play) with his son.

14. They (order) toast and eggs.

15. She (take) a walk at the park.

Chapter 21
시제 연습 04:
능동 현재 완료 진행

TALK TIP_ 이전에 일어난 사건의 영향을 현재에도 계속 받고 있는 상황을 말할 때

(비교)

지구의 자전을 설명하는 과학 시간이라면… (능현일단)
The sun rises in the east.

백수 아들을 아침에 깨우는 상황이라면… (능현완단)
Wake up! The sun has come up already.

산 정상에서 해돋이를 바라보고 있는 순간이라면… (능현완진)
Look! The sun has been coming.

■ 기본 원칙

□ 평서문은 「주어 + have been + 일반동사 + -ing」로 표현한다.

▷ I have been closing the window.

□ 3인칭(he, she, it) 단수가 주어가 될 경우 일반동사는 「has been + 일반동사 + -ing」로 바꾼다.

▷ He has been closing the window.

□ Yes/No 의문문은 「Has + 주어 + been + 일반동사 + -ing」로 표현한다.

▷ Has he been closing the window?

□ 의문문은 「의문대명사 + have + 주어 + been + 일반동사 + -ing」로 표현한다.

▷ Why has he been closing the window?

▣ 연습문제

※ 다음 현재 완료 진행형 문장에 알맞은 동사를 넣으시오.

01. He (study).

02. The wind (blow).

03. Her daughter (go) to the post office.

04. She (fall) asleep.

05. They (eat) ice cream.

06. They (visit) the zoo.

07. He (give) his mom a present.

08. He (ask) the girl her name.

09. Her son (make) her mad.

10. People (think) about their future.

11. We (buy) a newspaper.

12. She (dance) at the stage.

13. He (play) with his son.

14. They (order) toast and eggs.

15. She (take) a walk at the park.

#11 현재완료와 현재완료진행의 계속의 의미

현재완료에도 계속의 의미가 있고 현재완료진행에도 계속의 의미가 있다. 두 가지는 어떻게 구분하면 좋을까?

현재완료진행은 과거에 시작해서 말하고 있는 지금까지, 혹은 최근까지 계속 진행 중인 일을 나타낼 때 사용한다. 말 그대로 진행의 의미를 더욱 강조할 때 사용하면 좋다.

우리의 정서로는 말이 되지만 지금도 계속되는 의미를 갖는 현재완료진행의 경우는 상태동사를 사용할 수 없다.

또 한 가지 특징으로는 현재완료에서 사용하는 계속의 경우는 보통 뒤에 since 나 for 등과 함께 사용하는 경우가 많다.

비교 1

▷ She has spent all her money on shopping.

▶ 그녀는 쇼핑에 그녀의 돈을 다 쓴다. (그래서 돈이 하나도 없다)

▷ She has been spending all her money on shopping.

▶ 그녀는 (지금도) 그녀의 돈을 계속 쇼핑하는 데 다 쓴다.

비교 2

▷ We have known each other for 10 years. (O)

▶ 우리는 10년간 서로를 알고 있다.

▷ We have been knowing each other for 10 years. (X)

▶ 우리는 (지금도) 10년간 서로를 알고 있는 중이다. (어색)

Chapter 22
시제 연습 05:
능동 과거 일반 단순

TALK TIP_ 과거의 어느 순간에 발생한 사건/상태를 표현할 때

◼ 기본 원칙

□ 평서문은 「일반동사의 과거형」으로 표현한다.

  ▷ I closed the window at night.

□ Yes/No 의문문은 「did 조동사 + 주어 + 일반동사 원형」으로 표현한다.

  ▷ Did he close the window at night?

   Yes, he did. / No, he didn't.

□ 의문문은 「의문대명사 + did 조동사 + 주어 + 일반동사 원형」으로 표현한다.

  ▷ When did he close the window?

▣ 연습문제

※ **다음 문장들의 동사를 과거 일반 단순형에 맞추어 수정해서 넣으시오.**

01. He (study).

02. The wind (blow).

03. Her daughter (is) pretty.

04. She (fall) asleep.

05. They (eat) ice cream.

06. They (visit) the zoo.

07. He (give) his mom a present.

08. He (ask) the girl her name.

09. Her son (make) her mad.

10. People (think) him rich.

11. We (buy) a newspaper.

12. She (dance) at the stage.

13. He (play) with his son.

14. They (eat) toast and eggs.

15. She (take) a walk at the park.

#12 동사의 종류

문장성분 중 서술어의 역할을 하는 품사는 무엇일까? 바로 '동사'이다. 이 동사는 크게 2종류로 나눌 수 있다. 바로, 'be동사'와 '일반동사'이다.

be동사로는 2형식의 문장을 만든다, 일반동사는 나머지 1, 3, 4, 5형식의 문장에 두루 사용된다.

be동사로는 상태, 존재 등의 문장을 만들며, 일반동사로는 동작, 행위, 움직임 등을 설명하는 문장을 만든다.

be동사 뒤에는 '주격보어'가 들어온다. 이 주격보어가 될 수 있는 품사는 명사(류)와 형용사(류)로 한정된다는 점을 기억해야 한다. 일반동사는 동사 자체로 동작 등을 설명한다.

동사가 크게 be동사와 일반동사로 나뉜다는 점이 매우 중요한 이유는 문장을 만드는 많은 공식들이 이 두 부류로 나뉘어 정리되기 때문이다.

Chapter 23
시제 연습 06:
능동 과거 일반 진행

TALK TIP_ 이전 어느 때부터 어느 때까지 지속적으로 어떤 사건이나 상태가 계속될 때

■ 기본 원칙

□ 평서문은 「be동사 과거형 + 일반동사 + -ing」로 표현한다.

▷ I was closing the window.

□ be동사는 인칭에 따른 변형을 따른다.

▷ I was closing the window.

▷ You were closing the window.

▷ He was closing the window.

▷ We were closing the window.

▷ You were closing the window.

▷ They were closing the window.

□ Yes/No 의문문은 「be동사 + 주어 + 일반동사 + -ing」로 표현한다.

▷ Was she closing the window?

□ 의문문은 「의문대명사 + be동사 과거형 + 주어 + 일반동사 + -ing」로
표현한다.

▷ When was he closing the window?

※ 다음 문장들의 동사를 과거 일반 진행형에 맞추어 수정해서 넣으시오.

01. He (study).

02. The wind (blow).

03. Her daughter (go) to the post office.

04. She (fall) asleep.

05. They (eat) ice cream.

06. They (visit) the zoo.

07. He (give) his mom a present.

08. He (ask) the girl her name.

09. Her son (make) her mad.

10. People (think) about their future.

11. We (buy) a newspaper.

12. She (dance) at the stage.

13. He (play) with his son.

14. They (order) toast and eggs.

15. She (take) a walk at the park.

Chapter 24
시제 연습 07:
능동 과거 완료 단순

TALK TIP_ 사건은 아주 오래 전 발생, 그 영향은 과거의 어느 때에 부담

■ 기본 원칙

□ 평서문은 「주어 + had + 일반동사의 과거분사」로 표현한다. 문맥에 따라 완료, 경험, 결과, 계속의 의미로 풀이된다.

▷ I had closed the window before I went to bed.

▷ He had closed the window before he went to bed.

□ Yes/No 의문문은 「Had + 주어 + 일반동사의 과거분사」로 표현한다.

▷ Had he closed the window before he went to bed?

□ 의문문은 「의문대명사 + had + 주어 + 일반동사의 과거분사」로 표현한다.

▷ Why had he closed the window before he went to bed?

■ 연습문제

※ 다음 문장들의 동사를 과거 완료 단순형에 맞추어 수정해서 넣으시오.

01. He (study).

02. The wind (blow).

03. Her daughter (is) pretty.

04. She (fall) asleep.

05. They (eat) ice cream.

06. They (visit) the zoo.

07. He (give) his mom a present.

08. He (ask) the girl her name.

09. Her son (make) her mad.

10. People (think) him rich.

11. We (buy) a newspaper.

12. She (dance) at the stage.

13. He (play) with his son.

14. They (order) toast and eggs.

15. She (fall) a walk at the park.

#13 Yes/No 의문문 만들기

평서문을 의문문으로 바꾸는 방법을 살펴보자. 먼저 Yes/No 답변을 원하는 의문문의 경우를 간단하게 정리하면 '주어와 서술어의 위치를 바꾸고 맨 뒤에 '?'를 붙인다'이다.

다만, 동사의 종류에 따라 약간의 차이가 있다. be동사를 사용한 문장과 일반동사를 사용한 문장의 의문문 만드는 공식이 다르다.

be동사 문장일 경우 정말 단순하게 '주어와 서술어의 위치를 바꾸고, 맨 뒤에 '?'를 붙인다'를 적용하면 된다. 그런데 일반동사를 사용한 문장의 경우에는 차이가 있다. 앞에서 설명한 조동사 do가 나타나서 의문문 만들기를 돕는 것이다.

일반동사는 문장에서 중요한 의미를 갖기 때문에 그 자리에 머물게 하고, 대신 조동사 do가 주어와 위치를 바꾼다. 즉, do가 문장의 맨 앞으로 가고, 이어서, 문장 끝에 '?'를 붙여 주면 끝인 것이다. (조동사 do가 하는 역할 중의 하나이다.^^)

Chapter 25
시제 연습 08:
능동 과거 완료 진행

TALK TIP_ 사건은 오래 전 발생, 그 여파가 과거에 지속적으로 계속되고 있는 경우

▣ 기본 원칙

□ 평서문은 「주어 + had been + 일반동사 + -ing」로 표현한다.

▷ I had been closing the window right before I went to bed.

▷ He had been closing the window right before he went to bed.

□ Yes/No 의문문은 「Had + 주어 + been + 일반동사 + -ing」로 표현한다.

▷ Had he been closing the window right before he went to bed?

□ 의문문은 「의문대명사 + had + 주어 + been + 일반동사 + -ing」로 표현한다.

▷ Why had he been closing the window right before he went to bed?

※ 다음 문장들의 동사를 과거 완료 진행형에 맞추어 수정해서 넣으시오.

01. He (study).

02. The wind (blow).

03. Her daughter (go) to the post office.

04. She (fall) asleep.

05. They (eat) ice cream.

06. They (visit) the zoo.

07. He (give) his mom a present.

08. He (ask) the girl her name.

09. Her son (make) her mad.

10. People (think) about their future.

11. We (buy) a newspaper.

12. She (dance) at the stage.

13. He (play) with his son.

14. They (order) toast and eggs.

15. She (take) a walk at the park.

Chapter 26
시제 연습 09:
능동 미래 일반 단순

TALK TIP_ 앞으로 일어날 일/상황을 말할 때

▣ 기본 원칙

□ 평서문은 「will + 일반동사 원형」으로 표현한다.

▷ I will close the window at night

▷ He will close the window at night

□ Yes/No 의문문은 「Will 조동사 + 주어 + 일반동사 원형」으로 표현한다.

▷ Will he close the door at night?

Yes, he will. / No, he won't (=will not).

□ 의문문은 「의문대명사 + will 조동사 + 주어 + 일반동사 원형」으로 표현한다.

▷ When will he close the door?

▣ 연습문제

※ 다음 문장들의 동사를 미래 일반 단순형에 맞추어 수정해서 넣으시오.

01. He (study).

02. The wind (blow).

03. Her daughter (is) pretty.

04. She (fall) asleep.

05. They (eat) ice cream.

06. They (visit) the zoo.

07. He (give) his mom a present.

08. He (ask) the girl her name.

09. Her son (make) her mad.

10. People (think) him rich.

11. We (buy) a newspaper.

12. She (dance) at the stage.

13. He (play) with his son.

14. They (order) toast and eggs.

15. She (take) a walk at the park.

#14 의문사 의문문 만들기

의문문에 이어 나오는 답변이 Yes나 No가 아니라, 좀 더 구체적인 답변이어야 하는 의문문들도 있다. 즉, 의문사를 활용하는 의문문을 말한다.

여기서 의문사란 What, Who, How, Why 등이다. 답변도 좀 더 구체적인 상황이어야 하는 의문문이다.

이러한 의문문을 만드는 방법은 어떻게 될까? 이 또한 간단하며 하나의 공식으로 알아두면 된다.

정답은 'Yes/No 의문문 맨 앞에 의문사를 붙인다'이다. 이미 be동사와 일반동사의 공식에 따라 만들어진 Yes/No 의문문에 의문사만 더하면 된다.

평서문으로부터 한 단계씩 변형하여 다른 용도의 문장을 만드는 훈련이야 말로 '말부터 하기'의 지름길이다.

Chapter 27
긴 문장을 만들 때는
접속사로 이어 붙인다

단어와 단어, 구와 구, 문장과 문장을 이어 말을 길게 만들 수 있다. 이때에도 무게가 같은 단어와 문장을 연결하는 경우와 동사에 따라 문장을 길게 만들어 이어 붙이는 경우로 나뉜다.

▣ 기본 원칙

□ and(그리고): 내용이 서로 대등한 문장을 연결한다.
  ▷ She is a pianist and he is a teacher.

□ but(그러나): 내용이 서로 반대인 문장을 연결한다.
  ▷ I worked hard but I failed.

□ so / thus / therefore(그래서, 따라서):
  ▷ I worked hard so I passed the test.

□ or(또는): 둘 중 하나를 나타낸다.
  ▷ Either I or he is a liar.

□ as soon as(~하자마자):
  ▷ We slept as soon as we ate food.

□ when(~할 때): 시간의 부사절을 이끈다.
  ▷ He was very diligent when he was young.

□ because / as(왜냐하면) 이유를 나타낸다.
  ▷ I am very tired because I have worked hard.

□ if(만약): 조건을 나타낸다.
  ▷ I will succeed if I work hard.

□ though(비록): 양보를 나타낸다.
  ▷ I am very happy though I am poor.

※ 다음 괄호 안에 알맞은 접속사를 넣으시오.

01. 그녀는 내 여동생이고 그들은 내 남동생이다.
   ▶ She is my sister (　　　) they are my brothers.

02. 나는 사과를 좋아하지만 너는 좋아하지 않는다.
   ▶ I like apple (　　　) you don't like apple.

03. 나는 부자가 아니라서 차를 사지 못한다.
   ▶ I am not rich (　　　) I can't buy a car.

04. 당신과 그 남자 둘 중 하나는 이 게임에서 이긴다,
   ▶ Either you (　　　) he will win this game.

05. 집에 도착하자마자 비가 왔다.
   ▶ It rained (　　　) I arrived at home.

06. 내가 너무 어려서 클럽 가입이 거절됐다.
   ▶ I was rejected to join the club (　　　) I was too young.

07. 그는 작년에 미국에 갔을 때 지갑을 잃었다.
   ▶ He lost his wallet (　　　) he visited the United States.

08. 내가 거짓말을 해서 선생님은 화가 났다.

   ▶ The teacher was angry (   ) I told a lie to him.

09. 만약 부모님이 허락한다면 나도 여행을 갈 수 있을 것이다

   ▶ I can go to the trip (   ) my parents allow me to do so.

10. 우리는 부자이지만 불행하다.

   ▶ We are unhappy (   ) we are rich.

11. 우리가 늦어서 기차를 놓쳤다.

   ▶ We were late (   ) we missed the train.

12. 잠에서 깨었을 때 내 지갑을 도둑맞은 것을 알았다.

   ▶ I realized my wallet was stolen (   ) I woke up.

13. 나는 교수이고 내 여동생은 의사다.

   ▶ I am a professor (   ) my sister is a doctor.

14. 내가 집에 돌아오자마자 비가 왔다.

   ▶ It rained (   ) I came home.

15. 나는 키가 크지만 내 동생은 작다.

   ▶ I am tall (   ) my brother is short.

#15 동사는 나란히 붙여서 사용할 수 없다.

초등학생 아들이 매번 테스트에서 다음과 같은 문장들을 적곤 하는 것을 봤다. 'We are play tennis.' 어떤가? 문장이 되는가?

당연히 문장이 성립되지 않는다. 이러한 실수는 문장 만들기의 아래 공식을 인지하지 못하였기 때문에 발생한다.

즉, 동사를 연속해서 사용할 수 없다는 점이다. be동사도 동사의 일종이고, 일반동사도 동사이므로 나란히 쓰일 수 없는 것이다.

그러면 이런 문장은 어떤가? 'We are playing tennis.' 이것도 동사 2개가 겹쳐져서 쓰인 것일까?

이 경우는 그렇지 않다. playing은 동사가 아니기 때문이다. play 뒤에 ~ing를 붙여서 진행의 상태를 나타내고 있으며, 기능적으로 형용사의 구실을 하고 있는 것이다.

이러한 문장은 현재진행형이라고 한다. 이런 경우는 동사 2개가 겹쳐진 형태가 아니라는 점을 기억하면 된다.

영어 말문이 트이기 시작하면 재미도 느끼지만 조금씩 이런 저런 욕심이 생기기 시작한다. 바람직한 욕심이다. 그 가운데 하나가 좀 더 오래, 좀 더 길게 문장을 만들고 싶은 욕심일 것이다.

키워드로만 대화를 이어가는 것도, 대여섯 단어로 된 문장만 계속 되뇌는 것도 한두 번이지 단조롭고 답답한 노릇. 이어지는 챕터들에서는 문장을 길게 만드는 훈련을 하게 될 것이다.

영어는 순서의 언어라고 이야기 한 것을 기억하는가? 영어는 단어의 역할과 자리가 정해져 있어서 문장을 길게 만들 때도 이 원칙은 지켜진다. 중요하거나 먼저 말해야 하는 것을 앞에 두고 그에 대한 보충을 덧붙여가되 전체 뼈대를 유지하는 방법을 통해 해결한다.

Chapter 28
관계대명사로
이어 붙인다

혹시 이런 경험 있지 않은가? 말을 하다가 나온 말을 설명할 필요가 있어서 말이 다 끝나지 않았는데 중간에 설명으로 빠지게 되는 경우 말이다.

예를 들어, "내가 어제 강남역에서 철수……, 산업은행에 근무하는 철수 말이야……. 걔를 만났는데……." 이런 경우 말이다.

이 말은 두 문장이 섞여 있다. "나는 어제 강남역에서 철수를 만났다." + "그(철수)는 산업은행에 근무한다." 이 말처럼 대상이 겹치는 경우 해당 대상에 대한 설명을 이어 붙여 주는 것이 바로 관계사다.

▣ 기본 원칙

□ 두 문장에서 공통적인 명사를 하나로 묶어서 연결하는 역할을 하는 것
이 관계대명사다. 공통된 명사가 사람일 경우 who, 사물일 경우 which
나 that을 사용한다.

□ who: 공통 명사가 사람이고 주격일 경우
  ▷ I saw the girl. She is my sister.
    ▶ I saw the girl who is my sister.

□ whom: 공통 명사가 사람이고 목적격일 경우
  ▷ I saw the girl. I love her best.
    ▶ I saw the girl whom I love best.

□ which: 공통 명사가 사물일 경우
  ▷ This is the pen. + It is very expensive.
    ▶ This is the pen which is very expensive.

□ that: 공통 명사가 사람이나 사물일 경우
  ▷ I like the cat. + My uncle bought it for me.
    ▶ I like the cat that my uncle bought for me.

□ that: that을 관계대명사로 쓸 경우 전치사를 앞에 둘 수 없다.
  ▷ This is the story. + I am interested in it.
    ▶ This is the story in which I am interested. (O)
    ▶ This is the story that I am interested in. (O)
    ▶ This is the story in that I am interested. (X)

※ 다음 괄호 안에 알맞은 관계대명사를 넣으시오.

01. I know a boy (   ) became a soldier.

02. I bought a car (   ) is red and beautiful.

03. They found the man (   ) they wanted to work with.

04. This is a dog (   ) our family live with.

05. That is a dog with (   ) our family live.

06. Look at the boy and the dog (   ) are swimming in the river.

07. There is a village to (   ) we will move.

08. Let's eat the chicken (   ) looks delicious.

09. Pass me the salt (   ) is on the desk.

10. I found the girl and her dream (   ) are beautiful.

11. I saw the lost cat (   ) I decided to bring home.

12. I know a girl (   ) dances very well.

13. This is the book (   ) is very hard to read.

14. There are men and animals (   ) covered the street.

15. I like the cat (   ) my father gave to me.

#16 이런 분들이 있다

나는 반 취미로 영어를 간간이 가르쳐 왔다. 물론, 중요한 공식 위주의 학습이 었다. 특별히 기억에 남는 분들이 있어서 그 사례를 소개하고자 한다.

60대 중반의 남성 한 분이 계셨다. 자녀들이 미국으로 이민을 가게 되어 이 분도 함께 해외에 나가셔야 하는 상황이었다. 하지만 영어를 쓰지 않은 지 수십 년이라 말문이 전혀 열리지 않아 답답해 하고 계셨다.

이 분은 나와의 3개월 집중 학습을 통해 드디어 영어로 말하기를 시작하실 있게 되었다. 지금은 공식이라는 뼈대에 많은 살들이 자연스럽게 붙어 현지 생활에 잘 적응하고 계신다. 거의 기적에 가까운 일이다.

일단 뼈대를 갖추도록 연습하고, 말하기를 시작하기! 이것이 실전적 영어의 지름길임을 입증하는 사례이다.

위 남성분과 함께 내 수업을 들은 간호사 한 분이 계셨다. 30대 초반이셨고, 10년 동안 영어 공부를 열심히 했는데도 영어는 늘지 않고 말은 여전히 한 마디도 못하겠다며 답답해 하셨다.

이 분은 나와 3개월가량 주말마다 공부한 후 "아~ 정말 영어도 수학처럼 공식이 있네요. 정말 공식대로 하면 되는 거군요. 신기해요"라고 말했다.

이 분은 추가 학습을 원하셨고, 결국 1년의 학습 기간을 채운 후 "이젠 정말 영어를 알겠어요. 자신이 있어요. 정말 고맙습니다"라는 말씀을 남기셨다.

지금쯤이면 이 분도 영어의 살들이 스스로 뼈대에 붙어 일취월장하고 계시리라 믿어 의심치 않는다.

Chapter 29
관계부사로
이어 붙인다

관계부사는 「관계사+의문부사」의 조합이다. 관계사 역할을 하니 두 문장에서 겹치는 대상을 한 문장으로 만들어 설명한다. 이때 겹치는 말은 시간, 장소, 방법, 이유 등을 알리는 말로 부사가 하는 역할을 이렇게 하게 된다.

■ 기본 원칙

□ 명사가 공통되는 두 문장을 하나로 묶을 때 사용한다.
  ▷ I won't forget the day. + My mother died on the day.
    ▶ I won't forget the day (which) my mother died on.
    ▶ I won't forget the day on which my mother died.
    ▶ I won't forget the day when my mother died.

□ 관계부사는 「전치사 + 관계대명사」와 같다.
  ▷ This is the place in which I was born.
    ▶ This is the place where I was born.

□ 관계부사에는 시간(when), 장소(where), 이유(why), 방법(how)의 네 가지가 있다.

□ when: 시간이 중복되는 두 문장을 하나로 묶을 때 쓴다.
  ▷ I remember the day. We first kissed on the day.
    ▶ I remember the day when we first kissed.

□ where: 장소가 중복되는 두 문장을 하나로 묶을 때 쓴다.
  ▷ I remember the bar. We first kissed in the bar.
    ▶ I remember the bar where we first kissed.

□ why: 이유가 중복되는 두 문장을 하나로 묶을 때 쓴다.
  ▷ I remember the reason. We first kissed for the reason.
    ▶ I remember the reason why we first kissed.

□ how: 방법이 중복되는 두 문장을 하나로 묶을 때 쓴다. 관계부사 how 를 쓸 때는 the way나 how 중 하나만 쓴다.
  ▷ I remember the way. We first kissed by the way.
    ▶ I remember how we first kissed. (O)
    ▶ I remember the way we first kissed. (O)
    ▶ I remember the way how we first kissed. (X)

| 167

▣ 연습문제

※ 문맥에 맞는 관계부사를 고르시오. [1~5]

01. I know the reason (why / how) he became a teacher.

02. April is the month (where / when) she was born.

03. Breakfast is the time (when / how) families can talk together at the same time.

04. This is a way (how / when / 필요없음) my company works.

05. The salesman explained to him (why / how) the quattro works.

※ 두 문장을 관계부사를 이용하여 한 문장으로 만드시오. [6~10]

06. I don't care about the way. I looked by it.

07. There is a village. We will move in there.

08. Put the trophy in the place. Everyone can see it in the place.

09. The bar in Paris is still there. I met my wife in there.

10. The summer was long and hot. I graduated from university in the summer.

※ 우리말에 알맞게 괄호 안의 단어를 배열하여 문장을 완성하시오. [11~15]

11. 나는 그 전쟁이 일어난 장소를 기억하지 못한다.
   ▶ I can't remember (broke / the war / the place / where / out)

12. 나는 우리가 야구를 하던 날을 기억한다.
   ▶ I remember the day (the baseball / played / we / when)

13. 나는 그가 양국을 중재한 방법을 안다.
   ▶ I know (two / between / countries / how / mediates / the / he)

14. 나는 그녀가 말 한 마디없이 떠나야 했던 이유를 아직도 모른다.
   ▶ I don't know still (she / without / a word / why / go / had to)

15. 우리가 모든 우리 미술 용품을 사는 모퉁이 가게가 불에 전소되었다.
   ▶ The store on the corner, (buy / we / of / where / art / all / supplies / our / usually), burned to the ground.

Chapter 30
전치사로
이어 붙인다

접속사는 자격이 동일한 단어, 어구, 문장을 연결하는 방법이었고, 관계사는 두 문장의 공통분모를 이용해 문장을 하나로 만들어 설명하는 방법이었다. 전치사는 접속사와 관계사의 중간쯤의 방법으로 말을 길게 늘인다. 설명하고 싶은 단어의 관계, 위치, 시간, 방향 등을 어구의 형태로 직접 이어 붙이는 방법이다.

▣ 기본 원칙

□명사와 대명사 앞에 놓여 다른 품사들과의 관계를 세밀하게 다듬는 말이 전치사다. 위치/시간/이유/수단 등을 나타낸다.

□ on: 접촉

위치상으로는 사물이 붙어있는 상태, 시간적으로는 정확한 시간을 나타낼 때 사용.

▷ The fly is on the ceiling. (위치)

▷ We are going to meet at this café on 4:00 pm. (시간)

□ off: 분리

[기본] 위치상으로 사물이 떨어져 있는 상태

[확장] 출발/상태 변화

▷ There is an island off the coast. (위치상 분리)

▷ I will take off now. (출발)

▷ You should turn off the radio. (물지적 분리/상태 변화)

□ at: 지향

위치적으로는 목표하고 있는 한 점, 시간적으로는 어느 시점에서의 상태.

▷ We work at Gangnamdaero. (위치)

▷ They shot at the tiger. (목표)

▷ She loves to see the children at play. (특정 시점의 상태)

□ from: 출처

[기본] 공간적으로는 기원, 시간적으로는 단순 시작 시점.

[확장] 구분/차이

▷ Where do you come from? (공간적 시작/기원)

▷ We open the shop from 10 am to 8 pm . (시간적 시작/시점)

□ in: 내부

[기본] 공간적으로 ..안에, 시간적으로 일정 시간 내에

[확장] 어떤 분야나 활동의 범위 내

▷ What is in your pocket? (공간 속)

▷ I will be back in a minute. (일정 시간 내)

▷ I work in real estate development. (분야)

□ out: 외부

[기본] 밖으로

[확장] 사물의 움직임이나 상태변화의 끝까지, 완전히

▷ What time will you go out with him? (밖으로)

▷ The robot will work as long as the batteries hold out. (끝까지)

▷ Greed wiped out most of my money. (완전히)

□ for: 목적

[기본] 공간적으로 어디(누구)를 향해서, 시간적으로 ~동안

[확장] 목적, 행동(감정)을 유발하는 동력, 원인

▷ Follow the sign for the city hall. (~를 향해)

▷ We are going to work abroad for 5 days. (시간적으로 동안)

▷ The spa is for the use of hotel guests only. (목적)

▷ The teacher couldn't talk for coughing. (원인)

□ over: 위에

[기본] 위치상으로 ~위에

[확장] 추상적으로 ~를 넘는, 상회하는

▷ The cherry blossom petals dropped over your head. (~위로)

▷ The meeting has been going over an hour. (넘어)

□ during: ~동안

어떤 이벤트가 진행되는 동안을 의미 (for 다음은 숫자가 나옴)

▷ What did you do during your project vacation?

cf. I have studied in China for 10 years.

□ through: 지속

어떤 행위나 상태가 쭉 계속됨

▷ We took a walk slowly through the pine woods.

▷ It rained all through June in rainy season.

□ with: 함께

[기본] ~와 함께

[확장] 수단, 가지고 있는, 어떤 상태인, ~하면서(동시에)

▷ He opened the restaurant with his friend. (~와 함께)

▷ Two coffees please, one with sugar and one without. (가지고 있는)

▷ Don't speak with your mouth full. (~하면서)

※ 다음 괄호 안에 알맞은 전치사를 넣으시오

01. I was born (   ) April 5, 2002.

02. We have to put (   ) the meeting.

03. Water boils (   ) 100°C.

04. The sand oil comes (   ) Canada.

05. Tom Cruise is the cameo (   ) the film.

06. Don't go (   ) with wet hair. You might catch a cold.

07. The boys and girls are on street asking (   ) money.

08. She put a shawl (   ) her shoulders.

09. You are not allowed to talk (   ) the exam.

10. My boss signed his name (   ) the bottom of the contract.

11. Can I take the picture (   ) the wall?

12. The Amazon rus (   ) the jungle.

13. (From) the beginning of the exam, she felt sick.

14. I visited my friend in Austrailia (   ) winter vacation.

15. Our company is closed (   ) Mondays.
'

#17 가정법 과거 vs. 단순 조건문의 차이

우리는 살면서 많은 가정을 하고 바람을 갖고 후회를 한다. 영어의 가정법도 그런 경우에 사용하는데 가정법 과거와 단순 조건문은 의미의 차이가 있다. 다음 두 문장을 비교하면서 설명해 보자.

If you hurried up, you would catch the airplane.
만약 네가 서두른다면, 비행기를 탈 수도 있을 텐데.

If you hurry up, you will catch the airplane.
서두르면, 비행기를 탈 수도 있을 거야.

첫 번째 문장은 가정법 과거다. 상대가 비행기를 탈 가능성이 거의 없다는 것을 전제로 하는 표현이다. 이유는 상대의 게으른 천성 탓일수도, 물리적으로 너무 늦게 출발한 탓일 수도 있겠다.

두 번째 문장은 일반적인 단순 조건문이다. 이 경우에는 비행기를 탈 가능성이 어느 정도는 있다고 전제하는 경우다. 서두르기만 하면 비행기를 탈 수도 있으니 서두르라는 의미.

공식을 충분히 익히고 나면 미묘한 뉘앙스의 차이를 알아가는 또 다른 영어의 재미를 느끼게 되는 순간이 찾아온다. 그 순간까지 지치지 말고 모두 파이팅하기를……

Chapter 31
가정법으로
이어 붙인다

『김성천의 영어공식 31』을 선택한 분들은 영어를 잘하고 싶은 바람을 가지고 있었을 것이다. 우리는 살면서 이루어지기를 바랐으나 이루어지지 않은 어떤 일들에 대해 아쉬움을 표현하기고 하고, 이루어지기 바라는 어떤 소망을 기원하기도 한다. 이럴때 가정법은 말을 늘리는 좋은 방법을 제공한다.

'이루어졌더라면 지금과 상황이 달라졌을 것'이라고 가정하는 말은 시제를 변형한다. 현재가 달라지려면 과거의 결정이 달랐어야 하고, 과거가 달랐으려면 그 이전의 과거에 실제와는 다른 결정을 내렸어야 하기 때문이다.

반면 '이루어질지 어떨지 모르겠으나 앞으로 이루어지면 좋겠다'고 소망하는 말이나 '혹시 이런 일이 벌어진다면 어떻하지?'와 같은 바람은 시제를 의도적으로 변형하지 않는다.

▷ We are going to work abroad for 5 days. (시간적으로 동안)

▷ The spa is for the use of hotel guests only. (목적)

▷ The teacher couldn't talk for coughing. (원인)

▣ 기본 원칙

□ 가정법 과거
 ▷ 의미: 만약 ~하다면, ~할 텐데
 ▷ 사용: 현재 사실과 반대되는 일이나 생길 것 같지 않은 일을 가정할 때

□ If + S + V(과거) + …, S + would(could/should/might) + V(원형) + ….
 ▷ If I were braver, I would propose her.
 ▷ If you had enough time, you would solve the problem.

□ 가정법 과거완료
 ▷ 의미 : 만약 ~했다면, …했을 텐데
 ▷ 사용 : 과거 사실과 반대되는 상황을 가정할 때

□ If + S + had + p.p. +…, S + would(could/should/might) + have + p.p. +….
 ▷ If I had read the contract carefully, I wouldn't have signed it.
 ▷ If you had had a ticket, you would have gone out with them.

□ 기타 가정법 문장
 ▷ I wish + 가정법 (과거 / 과거완료)
  ▶ I wish I were rich. (현재 사실에 대한 아쉬움)
  ▶ I wish I had been rich. (과거 사실에 대한 아쉬움)
 ▷ as if [though] + 가정법 (과거 /과거완료) : 마치 ~인(였던) 것처럼
  ▶ She takes care of me as if she were my girl friend.
  ▶ He behaves as if he had been an old customer.
 ▷ It's time + S + V(과거) : 진작 할때가 되었는데 안하고 있을때
  ▶ It's time you went to sleep. (아이들이 늦도록 자지 않고 있을 때)
  cf. It's time to sleep. (군대 내무반 취침 점호 시)

▣ 연습문제

※ 다음 괄호 안에 알맞은 동사를 고르시오. [1~5]

01. If I (am / were) you, I wouldn't be so greedy.

02. If you had been positive, you could (have / had) gotten an opportunity.

03. If he (has helped / had helped) her, her business could have been saved.

04. If Sam (went / will go) to Paris, he would visit the Eiffel Tower.

05. If I hadn't missed the train, I (will keep / would have kept) you from leaving.'

※ 빈칸에 알맞은 말을 넣어 가정법 문장을 완성하시오. [6~10]

06. I don't have enough courage, so I can't follow my dream.
   ▶ If I (   ) enough courage, I (   ) (   ) my
   dream.

07. I don't have a camera, so I can't take a picture of you.
   ▶ If I (   ) a camera, I (   ) (   ) a picture of you.

08. She didn't listen to the advice of her mentor, so she got in trouble.
   ▶ If she (   ) to the advice of her mentor, she (   )
   (   ) (   ) in trouble.

09. He didn't ask me out, so I didn't go to the party with him.
   ▶ If he (   ) me out, I (   ) (   )
   (   ) to the   party with him.

10. I don't have a driver's license, so I can't rent a car for the trip.
   ▶ If I (   ) a driver's license, I (   ) (   ) a car
   for the trip.

※ 시제에 유의하여 Jane의 바람을 완성하세요. [11-15]

	Jane의 현실	Jane의 바람
11.	don't have enough time	have enough time
12	is fat	get slim
13	had small car	had sports car
14	didn't have a boy friend	had a boy friend
15	is unemployed	get a job

11. I wish _____.

12. I wish _____.

13. I wish _____.

14. I wish _____.

15. I wish _____.

별첨

Chapter 1

01. 나는

02. 그녀는

03. 아빠는

04. 날씨가

05. 코끼리는

06. 친절은

07. 슬픔은

08. 우리는

09. 러시아는

10. 그들은

11. 봄은

12. 비가

13. 바나나는

14. 개미는

15. 소금은

Chapter 2

01. She (주어) runs(동사) at playground.

02. Father(주어) reads(동사) everyday.

03. He(주어) is(동사) busy these days.

04. Jane(주어) doesn't like(동사) flowers.

05. She(주어) had never been(동사) to America.

06. I(주어) am(동사) sure you(주어) are(동사) wrong.

07. My friend(주어) eats (동사) candy too much.

08. Everyday's exercise(주어) makes(동사) you healthy.

09. Each country(주어) has(동사) its own flag.

10. We(주어) have(동사) enough time to play.

11. The earth(주어) is(동사) round.

12. I(주어) spent(동사) the whole day studying.

13. We(주어) traveled(동사) around the Europe last summer.

14. They(주어) rejected(동사) our proposal.

15. He(주어) dreamed(동사) he(주어) would become(동사) a lawyer.

Chapter 3

01. 주어

02. 목적어

03. 보어

04. 보어

05. 서술어

06. 보어

07. 수식어

08. 보어

09. 주어

10. 목적어

11. 수식어

12. 서술어

13. 수식어

14. 목적어

15. 수식어

Chapter 4

01. 동사

02. 전치사

03. 대명사

04. 접속사

05. 동사

06. 대명사

07. 부사

08. 형용사

09. 감탄사

10. 대명사

11. 감탄사

12. 부사

13. 전치사

14. 대명사

15. 형용사

Chapter 5

01. 1형식

02. 2형식

03. 4형식

04. 4형식

05. 5형식

06. 1형식

07. 2형식

08. 3형식

09. 4형식

10. 5형식

11. 3형식

12. 1형식

13. 3형식

14. 4형식

15. 5형식

Chapter 6

01. We helped the poor child.

02. They ate at an Italian restaurant.

03. I gave my father a present.

04. They became a great basketball team.

05. She saw a traffic accident yesterday.

06. We have enough food to eat for a week.

07. Tom's story made us happy.

08. My project saves our company.

09. People elected me president of this country.

10. I feel very comfortable in my home.

11. Her mother made her a famous pianist.

12. I will buy my friend a concert ticket for his birthday.

13. There are lots of liars around the King.

14. Father wrote his son a long letter.

15. Mom bought me a laptop.

Chapter 7

01. It (rains) heavily at summer.

02. He (plays) baseball after school.

03. My sister (learns) French.

04. My last class (finishes) at 4.

05. Time (flies) like an arrow.

06. The captain (has) no idea about it.

07. It (looks) quite nice.

08. He (worries) about his son.

09. The princess (guesses) she overslept.

10. The early bird (catches) the worm.

11. My sister (works) at the factory.

12. The baby (cries) when he feels hungry.

13. The dog (barks) at the strangers.

14. He (has) a dream to buy a fine house.

15. She (sells) hats at her shop.

Chapter 8

01. You (are) my sunshine.

02. She (is) my best friend.

03. My brother (is) a dancer.

04. Fruits (are) good for health.

05. You (are) all aware of this I know.

06. It (is) of no use crying over spilt milk.

07. I (am) kind and gentle.

08. We (are) able to do the work.

09. They (are) strange people.

10. Tigers (are) fearless and strong.

11. Vietnam (is) a fast growing country.

12. Excercise (is) necessary to keep you healthy.

13. I (am) happy to go with you.

14. It (is) our duty to keep the rules.

15. We (are) all young and pretty.

Chapter 9

01. funny(형용사)

02. different(형용사)

03. enjoy(동사)

04. love(동사)

05. grow(동사)

06. real(형용사)

07. beautiful(형용사)

08. die (동사)

09. wish (동사)

10. care(동사)

11. mad (형용사)

12. think (동사)

13. spend(동사)

14. old (형용사)

15. blame (동사)

Chapter 10

01. I want to become a politician.

02. He ordered me to go there.

03. It was the best way to earn the money.

04. Rabbits run faster than the tortoises.

05. The elephant is a big animal.

06. I bought a new camera.

07. The company opened a new shop.

08. This house is mine.

09. The earth turns around the sun.

10. The moon is shining in the sky.

11. We do not care about it any more.

12. They were at the playground together.

13. The stars were shining bright that night.

14. I was surprised to see such a big castle.

15. He grew up to be a good soldier.

Chapter 11

01. It (will) snow tomorrow.

02. He said he (would) take the exam.

03. I (can) speak in French.

04. You (must / should / ought to) keep the laws.

05. She (could) buy a car.

06. She said she (might) come tomorrow.

07. You (may / can) go on a picnic tomorrow.

08. We (must /should / ought to) go to bed at 9 p.m.

09. Amy said she (would) leave here soon.

10. Tom (might) get there in time.

11. You (must /should / ought to) tell the truth to us.

12. (Would) you pass me salt please?

13. She (may) pass the exam.

14. You (can) go to the party tonight.

15. We (must /should / ought to) obey our parents.

Chapter 12

01. ③

02. ②

03. ①

04. ③

05. ①

06. ③

07. ①

08. They believe that the earth is round. / 주어

09. I make it a rule to sleep at 10 p.m. / 목적어

10. My original plan was this. / 보어

11. My friend has a bicycle but I don't have it. / 목적어

12. It is you who can save our life. / 보어

13. I bought a book and read it overnight. / 목적어

14. The bridge was broken and it killed many people. / 주어

Chapter 13

01. I enjoy (playing) the viola.

02. She finished (writing) the book.

03. (Studying) English is very fun.

04. They kept (going) to church on Sundays.

05. My duty is (washing) the dishes.

06. (Drinking) everyday will harm your health.

07. Friendship is (believing) your friend's words.

08. My hobby is (cooking) Italian food.

09. I think (taking) a walk is good for health.

10. (Making) true friends is not easy.

11. I like (reading) a newspaper in the morning.

12. (Watching) you reminds me of your father.

13. We finished (working) at 6 PM.

14. I'm excited about (going) to the Disneyland.

15. My hobby is (collecting) stamps.

Chapter 14

01. I want (to play) the recorder.

02. She want to buy some books (to read).

03. I went to Russia (to study) Russian economy.

04. They promised (to go) to temple tomorrow.

05. My dream is (to become) a professor.

06. I don't know what (to say) about the bad news.

07. I don't have money (to buy) a car.

08. He got up early (to see) the sun rising.

09. I make it a rule (to get up) early in the morning.

10. We hope (to meet) our old teacher.

11. They went to the library (to return) some books.

12. We decided (to go) to the concert.

13. Suzy was the first student (to know) the answer.

14. (To take) a picture is exciting.

15. I was glad (to meet) her at the same class.

Chapter 15

01. I don't remember who you are.

02. Does he eat hamburger at lunch?

03. They did love each other.

04. We don't want to see you again.

05. He does make up his mind to earn money.

06. Did she fail to pass the entrance exam?

07. I didn't drink a cup of coffee at the cafe.

08. They did save the child at the accident.

09. Did japan invade Korea in 1592?

10. We didn't eat oranges and lemons as our desert.

11. Did he make a lot of money?

12. I didn't have a very good sleep last night.

13. The teacher did punish me because I was late at school.

14. Did mother tell the fairy tales to her children every night?

15. We don't go fishing when it rains.

Chapter 16

01. I don't like you.

02. This is not a desk.

03. They didn't visit the zoo.

04. She is not a stewardess.

05. We don't draw an elephant.

06. He didn't ask the girl her name.

07. It's not very cold here.

08. The shop doesn't open at night.

09. We don't have a plan to buy a washing machine.

10. She didn't fall asleep.

11. I am not tired of writing business letters.

12. They cannot speak Russian.

13. The weather didn't turn to cold last night.

14. I was not informed to visit the school office.

15. Many foreigners don't work diligently in our plant.

Chapter 17

01. A lump of chocolate was eaten by us.

02. Physics is studied by them.

03. The window was broken by me.

04. He is called genius by them.

05. The monthly magazine is read by him.

06. I was made to do the homework by him.

07. A book was given to him by me. / He was given a book by me.

08. She is loved by everyone.

09. I was ordered to deliver a letter to her by him.

10. You are not allowed to smoke here.

11. My wallet was stolen (by someone).

12. I was ordered not to play before finishing the homework by her.

13. I was greeted by them at the shop.

14. This book was written by the professor.

15. This playground was built by us for our children.

Chapter 18

01. He (studies).

02. The wind (blows).

03. Her daughter (is) pretty.

04. She (falls) asleep.

05. They (eat) ice cream.

06. They (visit) the zoo.

07. He (gives) his mom a present.

08. He (asks) the girl her name.

09. Her son (makes) her mad.

10. People (think) him rich.

11. We (buy) a newspaper.

12. She (dances) at the stage.

13. He (plays) with his son.

14. They (order) toast and eggs.

15. She (takes) a walk at the park.

Chapter 19

01. He (is studying).

02. The wind (is blowing).

03. Her daughter (is going) to the post office.

04. She (is falling) asleep.

05. They (are eating) ice cream.

06. They (are visiting) the zoo.

07. He (is giving) his mom a present.

08. He (is asking) the girl her name.

09. Her son (is making) her mad.

10. People (think ---⟩ are thinking) about their future.

11. We (are buying) a newspaper.

12. She (is dancing) at the stage.

13. He (is playing) with his son.

14. They (are ordering) toast and eggs.

15. She (is taking) a walk at the park.

Chapter 20

01. He (has studied).

02. The wind (has blown).

03. Her daughter (has been) pretty.

04. She (has fallen) asleep.

05. They (have eaten) ice cream.

06. They (have visited) the zoo.

07. He (has given) his mom a present.

08. He (has asked) the girl her name.

09. Her son (has made) her mad.

10. People (have thought) him rich.

11. We (have bought) a newspaper.

12. She (has danced) at the stage.

13. He (has played) with his son.

14. They (have ordered) toast and eggs.

15. She (has taken) a walk at the park.

Chapter 21

01. He (has been studying).

02. The wind (has been blowing).

03. Her daughter (has been going) to the post office.

04. She (has been falling) asleep.

05. They (have been eating) ice cream.

06. They (have been visiting) the zoo.

07. He (has been giving) his mom a present.

08. He (has been asking) the girl her name.

09. Her son (has been making) her mad.

10. People (have been thinking) about their future.

11. We (have been buying) a newspaper.

12. She (have been dancing) at the stage.

13. He (have been playing) with his son.

14. They (have been oedering) toast and eggs.

15. She (have been taking) a walk at the park.

Chapter 22

01. He (studied).

02. The wind (blew).

03. Her daughter (was) pretty.

04. She (fell) asleep.

05. They (ate) ice cream.

06. They (visited) the zoo.

07. He (gave) his mom a present.

08. He (asked) the girl her name.

09. Her son (made) her mad.

10. People (thought) him rich.

11. We (bought) a newspaper.

12. She (danced) at the stage.

13. He (played) with his son.

14. They (ate) toast and eggs.

15. She (took) a walk at the park.

Chapter 23

01. He (was studying).

02. The wind (was blowing).

03. Her daughter (was going) to the post office.

04. She (was falling) asleep.

05. They (were eating) ice cream.

06. They (were visiting) the zoo.

07. He (was giving) his mom a present.

08. He (was asking) the girl her name.

09. Her son (was making) her mad.

10. People (were thinking) about their future.

11. We (were buying) a newspaper.

12. She (was dancing) at the stage.

13. He (was playing) with his son.

14. They (were ordering) toast and eggs.

15. She (was taking) a walk at the park.

Chapter 24

01. He (had studied).

02. The wind (had blown).

03. Her daughter (had been) pretty.

04. She (had fallen) asleep.

05. They (had eaten) ice cream.

06. They (had visited) the zoo.

07. He (had given) his mom a present.

08. He (had asked) the girl her name.

09. Her son (had made) her mad.

10. People (had thought) him rich.

11. We (had bought) a newspaper.

12. She (had danced) at the stage.

13. He (had played) with his son.

14. They (had ordered) toast and eggs.

15. She (had taken) a walk at the park.

Chapter 25

01. He (had been studying).

02. The wind (had been blowing).

03. Her daughter (had been going) to the post office.

04. She (had been falling) asleep.

05. They (had been eating) ice cream.

06. They (had been visiting) the zoo.

07. He (had been giving) his mom a present.

08. He (had been asking) the girl her name.

09. Her son (had been making) her mad.

10. People (had been thinking) about their future.

11. We (had been buying) a newspaper.

12. She (had been dancing) at the stage.

13. He (had been playing) with his son.

14. They (had been ordering) toast and eggs.

15. She (had been taking) a walk at the park.

Chapter 26

01. He (will study).

02. The wind (will blow).

03. Her daughter (will be) pretty.

04. She (will fall) asleep.

05. They (will eat) ice cream.

06. They (will visit) the zoo.

07. He (will give) his mom a present.

08. He (will ask) the girl her name.

09. Her son (will make) her mad.

10. People (will think) him rich.

11. We (will buy) a newspaper.

12. She (will dance) at the stage.

13. He (will play) with his son.

14. They (will order) toast and eggs.

15. She (will take) a walk at the park.

Chapter 27

01. She is my sister (and) they are my brothers.

02. I like apple (but) you don't like apple.

03. I am not rich (so) I can't buy a car.

04. Either you (or) he will win this game.

05. It rained (as soon as) I arrived at home.

06. I was rejected to join the club (because / as) I was too young.

07. He lost his wallet (when) he visited the United States.

08. The teacher was angry (because) I told a lie to him.

09. I can go to the trip (if) my parents allow me to do so.

10. We are unhappy (though) we are rich.

11. We were late (so) we missed the train.

12. I realized my wallet was stolen (when) I woke up.

13. I am a professor (and) my sister is a doctor.

14. It rained (as soon as) I came home.

15. I am tall (but) my brother is short.

Chapter 28

01. I know a boy (who) became a soldier.

02. I bought a car (which) is red and beautiful.

03. They found the man (whom) they wanted to work with.

04. This is a dog (that / which) our family live with.

05. That is a dog with (which) our family live.

06. Look at the boy and the dog (that) are swimming in the river.

07. There is a village to (which) we will move.

08. Let's eat the chicken (which) looks delicious.

09. Pass me the salt (which / that) is on the desk.

10. I found the girl and her dream (that) are beautiful.

11. I saw the lost cat (which) I decided to bring home.

12. I know a girl (who) dances very well.

13. This is the book (which) is very hard to read.

14. There are men and animals (that) covered the street.

15. I like the cat (that) my father gave to me.

Chapter 29

01. I know the reason (why) he became a teacher.

02. April is the month (when) she was born.

03. Breakfast is the time (when) families can talk together at the same time.

04. This is a way (필요 없음) my company works.

05. The salesman explained to him (how) the quattro works.

06. I don't care about the way I looked.

07. There is a village where we will move.

08. Put the trophy in the place where everyone can see it.

09. The bar in Paris where I met my wife is still there.

10. The summer when I graduated from university was long and hot.

11. I can't remember (the place where the war broke out.)

12. I remember the day (when we play the baseball.)

13. I know (how he mediates between the two countries.)

14. I don't know still (why she had to go without a word.)

15. The store on the corner, (where we usually buy all of our art supplies), burned to the ground.

Chapter 30

01. I was born (on) April 5, 2002.

02. We have to put (off) the meeting.

03. Water boils (at) 100°C.

04. The sand oil comes (from) Canada.

05. Tom Cruise is the cameo (in) the film.

06. Don't go (out) with wet hair. You might catch a cold.

07. The boys and girls are on street asking (for) money.

08. She put a shawl (over) her shoulders.

09. You are not allowed to talk (during) the exam.

10. My boss signed his name (at) the bottom of the contract.

11. Can I take the picture (off) the wall?

12. The Amazon rus (through) the jungle.

13. (From) the beginning of the exam, she felt sick.

14. I visited my friend in Austrailia (during) winter vacation.

15. Our company is closed (on) Mondays.

Chapter 31

01. If I (were) you, I wouldn't be so greedy.

02. If you had been positive, you could (have) gotten an opportunity.

03. If he (had helped) her, her business could have been saved.

04. If Sam (will go) to Paris, he would visit the Eiffel Tower.

05. If I hadn't missed the train, I (would have kept) you from leaving.

06. If I (had) enough courage, I (could) (follow) my dream.

07. If I (had) a camera, I (could) (take) a picture of you.

08. If she (had listened) to the advice of her mentor, she (wouldn't) (have) (gotten) in trouble.

09. If he (had asked) me out, I (would) (have) (gone) to the party with him.

10. If I (had) a driver's license, I (could) (rent) a car for the trip.

11. I wish I had enough time.

12. I wish I were slim.

13. I wish I had had a sports car.

14. I wish I had had a boy friend.

15. I wish I got a job.

■ 영문장 Structure Table

1형식

(공식: 주어 + 동사(완전자동사))

구문				국문	영문
능동	현재	일반	단순	평서문	제인은 열심히 공부한다.	Jane works hard.
				Yes/No 의문문	제인은 열심히 공부하니?	Does Jane work hard?
				의문사/의문문	제인은 왜 열심히 공부하니?	Why does Jane work hard?
			진행	평서문	제인은 열심히 공부하고 있다.	Jane is working hard.
				Yes/No 의문문	제인은 열심히 공부하고 있니?	Is Jane working hard?
				의문사/의문문	제인은 왜 열심히 공부하고 있니?	Why is Jane working hard?
		완료	단순	평서문	제인은 열심히 공부해왔다.	Jane has worked hard.
				Yes/No 의문문	제인은 열심히 공부해왔니?	Has Jane worked hard?
				의문사/의문문	제인은 왜 열심히 공부해왔니?	Why has Jane worked hard?
			진행	평서문	제인은 열심히 공부해온 중이니?	Jane has been working hard.
				Yes/No 의문문	제인은 열심히 공부해온 중이다.	Has Jane been working hard?
				의문사/의문문	제인은 왜 열심히 공부해온 중이다.	Why has Jane been working hard?
	과거	일반	단순	평서문	제인은 열심히 공부했다.	Jane worked hard.
				Yes/No 의문문	제인은 열심히 공부했니?	Did Jane work hard?
				의문사/의문문	제인은 왜 열심히 공부했니?	Why did Jane work hard?
			진행	평서문	제인은 열심히 공부하고 있었다.	Jane was working hard.
				Yes/No 의문문	제인은 열심히 공부하고 있었니?	Was Jane working hard?
				의문사/의문문	제인은 왜 열심히 공부하고 있었니?	Why was Jane working hard?
		완료	단순	평서문	제인은 열심히 공부한 것이었다.	Jane had worked hard.
				Yes/No 의문문	제인은 열심히 공부한 것이었니?	Had Jane worked hard?
				의문사/의문문	제인은 왜 열심히 공부한 것이었니?	Why had Jane worked hard?
			진행	평서문	제인은 열심히 공부해온 중이었다.	Jane had been working hard.
				Yes/No 의문문	제인은 열심히 공부해온 중이었니?	Had Jane been working hard?
				의문사/의문문	제인은 왜 열심히 공부해온 중이었니?	Why had Jane been working hard?
	미래	일반	단순	평서문	제인은 열심히 공부할 것이다.	Jane will work hard.
				Yes/No 의문문	제인은 열심히 공부할 거니?	Will Jane work hard?
				의문사/의문문	제인은 왜 열심히 공부할 거니?	Why will Jane work hard?
			진행	평서문	제인은 열심히 공부하고 있을 것이다.	Jane will be working hard.
				Yes/No 의문문	제인은 열심히 공부하고 있을 것이니?	Will Jane be working hard?
				의문사/의문문	제인은 왜 열심히 공부하고 있을 것이니?	Why will be Jane working hard?
		완료	단순	평서문	제인은 열심히 공부하게 될 것이다.	Jane will have worked hard.
				Yes/No 의문문	제인은 열심히 공부하게 될 것이니?	Will Jane have worked hard?
				의문사/의문문	제인은 왜 열심히 공부하게 될 것이니?	Why will have Jane worked hard?
			진행	평서문	제인은 열심히 공부하고 있게 될 것이다.	Jane will have been working hard.
				Yes/No 의문문	제인은 열심히 공부하고 있게 될 것이니?	Will Jane have been working hard?
				의문사/의문문	제인은 왜 열심히 공부하고 있게 될 것이니?	Why will Jane have been working hard?

구문				국문	영문
수동	현재	일반	단순		
			평서문	X	X
			Yes/No 의문문	X	X
			의문사/의문문	X	X
		진행	평서문	X	X
			Yes/No 의문문	X	X
			의문사/의문문	X	X
		완료	단순		
			평서문	X	X
			Yes/No 의문문	X	X
			의문사/의문문	X	X
			진행		
			평서문	X	X
			Yes/No 의문문	X	X
			의문사/의문문	X	X
	과거	일반	단순		
			평서문	X	X
			Yes/No 의문문	X	X
			의문사/의문문	X	X
			진행		
			평서문	X	X
			Yes/No 의문문	X	X
			의문사/의문문	X	X
		완료	단순		
			평서문	X	X
			Yes/No 의문문	X	X
			의문사/의문문	X	X
			진행		
			평서문	X	X
			Yes/No 의문문	X	X
			의문사/의문문	X	X
	미래	일반	단순		
			평서문	X	X
			Yes/No 의문문	X	X
			의문사/의문문	X	X
			진행		
			평서문	X	X
			Yes/No 의문문	X	X
			의문사/의문문	X	X
		완료	단순		
			평서문	X	X
			Yes/No 의문문	X	X
			의문사/의문문	X	X
			진행		
			평서문	X	X
			Yes/No 의문문	X	X
			의문사/의문문	X	X

■ 영문장 Structure Table
2형식

(공식: 주어 + 동사(불완전자동사) + 주격보어)

<table>
<tr><td colspan="4">구문</td><td>국문</td><td>영문</td></tr>
<tr><td rowspan="36">능동</td><td rowspan="12">현재</td><td rowspan="6">일반</td><td rowspan="3">단순</td><td>평서문</td><td>그는 행복해 보인다.</td><td>He looks happy.</td></tr>
<tr><td>Yes/No 의문문</td><td>그는 행복해 보이니?</td><td>Does he look happy?</td></tr>
<tr><td>의문사/의문문</td><td>그는 왜 행복해 보이니?</td><td>Why does he look happy?</td></tr>
<tr><td rowspan="3">진행</td><td>평서문</td><td>X</td><td>X</td></tr>
<tr><td>Yes/No 의문문</td><td>X</td><td>X</td></tr>
<tr><td>의문사/의문문</td><td>X</td><td>X</td></tr>
<tr><td rowspan="6">완료</td><td rowspan="3">단순</td><td>평서문</td><td>X</td><td>X</td></tr>
<tr><td>Yes/No 의문문</td><td>X</td><td>X</td></tr>
<tr><td>의문사/의문문</td><td>X</td><td>X</td></tr>
<tr><td rowspan="3">진행</td><td>평서문</td><td>X</td><td>X</td></tr>
<tr><td>Yes/No 의문문</td><td>X</td><td>X</td></tr>
<tr><td>의문사/의문문</td><td>X</td><td>X</td></tr>
<tr><td rowspan="12">과거</td><td rowspan="6">일반</td><td rowspan="3">단순</td><td>평서문</td><td>그는 행복해 보였다.</td><td>He looked happy.</td></tr>
<tr><td>Yes/No 의문문</td><td>그는 왜 행복해 보였니?</td><td>Did he look happy?</td></tr>
<tr><td>의문사/의문문</td><td>그는 왜 행복해 보였니?</td><td>Why did he look happy?</td></tr>
<tr><td rowspan="3">진행</td><td>평서문</td><td>X</td><td>X</td></tr>
<tr><td>Yes/No 의문문</td><td>X</td><td>X</td></tr>
<tr><td>의문사/의문문</td><td>X</td><td>X</td></tr>
<tr><td rowspan="6">완료</td><td rowspan="3">단순</td><td>평서문</td><td>X</td><td>X</td></tr>
<tr><td>Yes/No 의문문</td><td>X</td><td>X</td></tr>
<tr><td>의문사/의문문</td><td>X</td><td>X</td></tr>
<tr><td rowspan="3">진행</td><td>평서문</td><td>X</td><td>X</td></tr>
<tr><td>Yes/No 의문문</td><td>X</td><td>X</td></tr>
<tr><td>의문사/의문문</td><td>X</td><td>X</td></tr>
<tr><td rowspan="12">미래</td><td rowspan="6">일반</td><td rowspan="3">단순</td><td>평서문</td><td>그는 행복해 보일 것이다.</td><td>He will look happy.</td></tr>
<tr><td>Yes/No 의문문</td><td>그는 행복해 보일 것인가?</td><td>Will he look happy?</td></tr>
<tr><td>의문사/의문문</td><td>그는 왜 행복해 보일 것인가?</td><td>Why will he look happy?</td></tr>
<tr><td rowspan="3">진행</td><td>평서문</td><td>X</td><td>X</td></tr>
<tr><td>Yes/No 의문문</td><td>X</td><td>X</td></tr>
<tr><td>의문사/의문문</td><td>X</td><td>X</td></tr>
<tr><td rowspan="6">완료</td><td rowspan="3">단순</td><td>평서문</td><td>X</td><td>X</td></tr>
<tr><td>Yes/No 의문문</td><td>X</td><td>X</td></tr>
<tr><td>의문사/의문문</td><td>X</td><td>X</td></tr>
<tr><td rowspan="3">진행</td><td>평서문</td><td>X</td><td>X</td></tr>
<tr><td>Yes/No 의문문</td><td>X</td><td>X</td></tr>
<tr><td>의문사/의문문</td><td>X</td><td>X</td></tr>
</table>

구문				국문	영문
수동	현재	일반	단순	평서문 X	X
				Yes/No 의문문 X	X
				의문사/의문문 X	X
			진행	평서문 X	X
				Yes/No 의문문 X	X
				의문사/의문문 X	X
		완료	단순	평서문 X	X
				Yes/No 의문문 X	X
				의문사/의문문 X	X
			진행	평서문 X	X
				Yes/No 의문문 X	X
				의문사/의문문 X	X
	과거	일반	단순	평서문 X	X
				Yes/No 의문문 X	X
				의문사/의문문 X	X
			진행	평서문 X	X
				Yes/No 의문문 X	X
				의문사/의문문 X	X
		완료	단순	평서문 X	X
				Yes/No 의문문 X	X
				의문사/의문문 X	X
			진행	평서문 X	X
				Yes/No 의문문 X	X
				의문사/의문문 X	X
	미래	일반	단순	평서문 X	X
				Yes/No 의문문 X	X
				의문사/의문문 X	X
			진행	평서문 X	X
				Yes/No 의문문 X	X
				의문사/의문문 X	X
		완료	단순	평서문 X	X
				Yes/No 의문문 X	X
				의문사/의문문 X	X
			진행	평서문 X	X
				Yes/No 의문문 X	X
				의문사/의문문 X	X

3형식

(공식: 주어 + 동사(완전타동사) + 목적어)

구문				국문	영문
능동	현재	일반	단순 평서문	그녀는 초콜릿을 먹는다.	She eats some chocolate.
			단순 Yes/No 의문문	그녀는 초콜릿을 먹니?	Does she eat some chocolate?
			단순 의문사/의문문	그녀는 왜 초콜릿을 먹니?	Why does she eat some chocolate?
			진행 평서문	그녀는 초콜릿을 먹고 있다.	She is eatting some chocolate.
			진행 Yes/No 의문문	그녀는 초콜릿을 먹고 있니?	Is she eating some chocolate?
			진행 의문사/의문문	그녀는 왜 초콜릿을 먹고 있니?	Why is she eating some chocolate?
		완료	단순 평서문	그녀는 초콜릿을 먹어왔다.	She has eaten some chocolate.
			단순 Yes/No 의문문	그녀는 초콜릿을 먹어왔니?	Has she eaten some chocolate?
			단순 의문사/의문문	그녀는 왜 초콜릿을 먹어왔니?	Why has she eaten some chocolate?
			진행 평서문	그녀는 초콜릿을 먹어온 중이다.	She has been eatting some chocolate.
			진행 Yes/No 의문문	그녀는 초콜릿을 먹어온 중이니?	Has she been eating some chocolate?
			진행 의문사/의문문	그녀는 왜 초콜릿을 먹어온 중이니?	Why has she been eating some chocolate?
	과거	일반	단순 평서문	그녀는 초콜릿을 먹었다.	She ate some chocolate.
			단순 Yes/No 의문문	그녀는 초콜릿을 먹었니?	Did she eat some chocolate?
			단순 의문사/의문문	그녀는 왜 초콜릿을 먹었니?	Why did she eat some chocolate?
			진행 평서문	그녀는 초콜릿을 먹고 있었다.	She was eatting some chocolate.
			진행 Yes/No 의문문	그녀는 초콜릿을 먹고 있었니?	Was she eating some chocolate?
			진행 의문사/의문문	그녀는 왜 초콜릿을 먹고 있었니?	Why was she eating some chocolate?
		완료	단순 평서문	그녀는 초콜릿을 먹은 것이었다.	She had eaten some chocolate.
			단순 Yes/No 의문문	그녀는 초콜릿을 먹은 것이었니?	Had she eaten some chocolate?
			단순 의문사/의문문	그녀는 왜 초콜릿을 먹은 것이었니?	Why had she eaten some chocolate?
			진행 평서문	그녀는 초콜릿을 먹은 중이다.	She had been eatting some chocolate.
			진행 Yes/No 의문문	그녀는 초콜릿을 먹은 중이었니?	Had she been eating some chocolate?
			진행 의문사/의문문	그녀는 왜 초콜릿을 먹은 중이었니?	Why had she been eating some chocolate?
	미래	일반	단순 평서문	그녀는 초콜릿을 먹을 것이다.	She will eat some chocolate.
			단순 Yes/No 의문문	그녀는 초콜릿을 먹을 것이니?	Will she eat some chocolate?
			단순 의문사/의문문	그녀는 왜 초콜릿을 먹을 것이니?	Why will she eat some chocolate?
			진행 평서문	그녀는 초콜릿을 먹는 중일 것이다.	She will be eatting some chocolate.
			진행 Yes/No 의문문	그녀는 초콜릿을 먹는 중일 것이니?	Will she be eating some chocolate?
			진행 의문사/의문문	그녀는 왜 초콜릿을 먹는 중일 것이니?	Why will she be eating some chocolate?
		완료	단순 평서문	그녀는 초콜릿을 먹게 될 것이다.	She will have eaten some chocolate.
			단순 Yes/No 의문문	그녀는 초콜릿을 먹게 될 것이니?	Will she have eaten some chocolate?
			단순 의문사/의문문	그녀는 왜 초콜릿을 먹게 될 것이니?	Why will she have eaten some chocolate?
			진행 평서문	그녀는 초콜릿을 먹고 있게 될 것이다.	She will have been eatting some chocolate.
			진행 Yes/No 의문문	그녀는 초콜릿을 먹고 있게 될 것이니?	Will she have been eating some chocolate?
			진행 의문사/의문문	그녀는 왜 초콜릿을 먹고 있게 될 것이니?	Why will she have been eating some chocolate?

구문				국문	영문
수동	현재	일반	단순	평서문	초콜릿이 그녀에 의해 먹힌다.	Some chocolate is eaten by her.
				Yes/No 의문문	초콜릿이 그녀에 의해 먹히니?	Is some chocolate eaten by her?
				의문사/의문문	초콜릿이 왜 그녀에 의해 먹히니?	Why is some chocolate eaten by her?
			진행	평서문	초콜릿이 그녀에 의해 먹히고 있다.	Some chocolate is being eaten by her.
				Yes/No 의문문	초콜릿이 그녀에 의해 먹이고 있니?	Is some chocolate being eaten by her?
				의문사/의문문	초콜릿이 왜 그녀에 의해 먹히고 있니?	Why is some chocolate being eaten by her?
		완료	단순	평서문	초콜릿이 그녀에 의해 먹혀왔다.	Some chocolate has been eaten by her.
				Yes/No 의문문	초콜릿이 그녀에 의해 먹혀왔니?	Has some chocolate been eaten by her?
				의문사/의문문	초콜릿이 왜 그녀에 의해 먹혀왔니?	Why has some chocolate been eaten by her?
			진행	평서문	초콜릿이 그녀에 의해 먹혀온 중이다.	Some chocolate has been being eaten by her.
				Yes/No 의문문	초콜릿이 그녀에 의해 먹혀온 중이니?	Has some chocolate been being eaten by her?
				의문사/의문문	초콜릿이 왜 그녀에 의해 먹혀온 중이니?	Why has some chocolate been being eaten by her?
	과거	일반	단순	평서문	초콜릿이 그녀에 의해 먹혔다.	Some chocolate was eaten by her.
				Yes/No 의문문	초콜릿이 그녀에 의해 먹혔니?	Was some chocolate eaten by her?
				의문사/의문문	초콜릿이 왜 그녀에 의해 먹혔니?	Why was some chocolate eaten by her?
			진행	평서문	초콜릿이 그녀에 의해 먹히고 있었다.	Some chocolate was being eaten by her.
				Yes/No 의문문	초콜릿이 그녀에 의해 먹히고 있었니?	Was some chocolate being eaten by her?
				의문사/의문문	초콜릿이 왜 그녀에 의해 먹히고 있었니?	Why was some chocolate being eaten by her?
		완료	단순	평서문	초콜릿이 그녀에 의해 먹혀온 것이었다.	Some chocolate had been eaten by her.
				Yes/No 의문문	초콜릿이 그녀에 의해 먹혀온 것이었니?	Had some chocolate been eaten by her?
				의문사/의문문	초콜릿이 왜 그녀에 의해 먹혀온 것이었니?	Why had some chocolate been eaten by her?
			진행	평서문	초콜릿이 그녀에 의해 먹혀온 중이었다.	Some chocolate had been being eaten by her.
				Yes/No 의문문	초콜릿이 그녀에 의해 먹혀온 중이었니?	Had some chocolate been being eaten by her?
				의문사/의문문	초콜릿이 왜 그녀에 의해 먹혀온 중이었니?	Why had some chocolate been being eaten by her?
	미래	일반	단순	평서문	초콜릿이 그녀에 의해 먹힐 것이다.	Some chocolate wll be eaten by her.
				Yes/No 의문문	초콜릿이 그녀에 의해 먹힐 것이니?	Will some chocolate be eaten by her?
				의문사/의문문	초콜릿이 왜 그녀에 의해 먹힐 것이니?	Why will some chocolate be eaten by her?
			진행	평서문	초콜릿이 그녀에 의해 먹히고 있을 것이다.	Some chocolate will be being eaten by her.
				Yes/No 의문문	초콜릿이 그녀에 의해 먹히고 있을 것이니?	Will some chocolate be being eaten by her?
				의문사/의문문	초콜릿이 왜 그녀에 의해 먹히고 있을 것이니?	Why will some chocolate be being eaten by her?
		완료	단순	평서문	초콜릿이 그녀에 의해 먹히게 될 것이다.	Some chocolate will have been eaten by her.
				Yes/No 의문문	초콜릿이 그녀에 의해 먹히게 될 것이니?	Will some chocolate have been eaten by her?
				의문사/의문문	초콜릿이 왜 그녀에 의해 먹히게 될 것이니?	Why will some chocolate have been eaten by her?
			진행	평서문	초콜릿이 그녀에 의해 먹히고 있게 될 것이다.	Some chocolate will have been being eaten by her.
				Yes/No 의문문	초콜릿이 그녀에 의해 먹히고 있게 될 것이니?	Will some chocolate have been being eaten by her?
				의문사/의문문	초콜릿이 왜 그녀에 의해 먹히고 있게 될 것이니?	Why will some chocolate have been being eaten by her?

4형식

(공식: 주어 + 동사(수여동사) + 간접목적어 + 직접목적어)

구문				국문	영문
능동	현재	일반	단순	평서문	그는 그녀에게 조언을 준다.	He gives her good advice.
				Yes/No 의문문	그는 그녀에게 조언을 주니?	Does he give her good advice?
				의문사/의문문	그는 왜 그녀에게 조언을 주니?	Why does he give her good advice?
			진행	평서문	그는 그녀에게 조언을 주고 있다.	He is giving her good advice.
				Yes/No 의문문	그는 그녀에게 조언을 주고 있니?	Is he giving her good advice?
				의문사/의문문	그는 왜 그녀에게 조언을 주고 있니?	Why is he giving her good advice?
		완료	단순	평서문	그는 그녀에게 조언을 주어왔다.	He has given her good advice.
				Yes/No 의문문	그는 그녀에게 조언을 주어왔니?	Has he given her good advice?
				의문사/의문문	그는 왜 그녀에게 조언을 주어왔니?	Why has he given her good advice?
			진행	평서문	그는 그녀에게 조언을 주어온 중이었다.	He has been giving her good advice.
				Yes/No 의문문	그는 그녀에게 조언을 주어온 중이었니?	Has he been giving her good advice?
				의문사/의문문	그는 왜 그녀에게 조언을 주어온 중이었니?	Why has he been giving her good advice?
	과거	일반	단순	평서문	그는 그녀에게 조언을 주었다.	He gave her good advice.
				Yes/No 의문문	그는 그녀에게 조언을 주었니?	Did he give her good advice?
				의문사/의문문	그는 왜 그녀에게 조언을 주었니?	Why did he give her good advice?
			진행	평서문	그는 그녀에게 조언을 주고 있었다.	He was giving her good advice.
				Yes/No 의문문	그는 그녀에게 조언을 주고 있었니?	Was he giving her good advice?
				의문사/의문문	그는 왜 그녀에게 조언을 주고 있었니?	Why was he giving her good advice?
		완료	단순	평서문	그는 그녀에게 조언을 주어온 것이었다.	He had given her good advice.
				Yes/No 의문문	그는 그녀에게 조언을 주어온 것이었니?	Had he given her good advice?
				의문사/의문문	그는 왜 그녀에게 조언을 주어온 것이었니?	Why had he given her good advice?
			진행	평서문	그는 그녀에게 조언을 주어온 중이었다.	He had been giving her good advice.
				Yes/No 의문문	그는 그녀에게 조언을 주어온 중이었니?	Had he been giving her good advice?
				의문사/의문문	그는 왜 그녀에게 조언을 주어온 중이었니?	Why had he been giving her good advice?
	미래	일반	단순	평서문	그는 그녀에게 조언을 줄 것이다.	He will give her good advice.
				Yes/No 의문문	그는 그녀에게 조언을 줄 것이니?	Will he give her good advice?
				의문사/의문문	그는 왜 그녀에게 조언을 줄 것이니?	Why will he give her good advice?
			진행	평서문	그는 그녀에게 조언을 주고 있을 것이다.	He will be giving her good advice.
				Yes/No 의문문	그는 그녀에게 조언을 주고 있을 것이니?	Will he be giving her good advice?
				의문사/의문문	그는 왜 그녀에게 조언을 주고 있을 것이니?	Why will he be giving her good advice?
		완료	단순	평서문	그는 그녀에게 조언을 주게 될 것이다.	He will have given her good advice.
				Yes/No 의문문	그는 그녀에게 조언을 주게 될 것이니?	Will he have given her good advice?
				의문사/의문문	그는 왜 그녀에게 조언을 주게 될 것이니?	Why will he have given her good advice?
			진행	평서문	그는 그녀에게 조언을 주는 중일 것이다.	He will have been giving her good advice.
				Yes/No 의문문	그는 그녀에게 조언을 주는 중일 것이니?	Will he have been giving her good advice?
				의문사/의문문	그는 왜 그녀에게 조언을 주는 중일 것이니?	Why will he have been giving her good advice?

4형식은

간접목적어, 직접목적어가 있기에

수동형이 2개의 형식으로 표현됩니다.

〈뒷페이지에 2가지 입력〉

4형식

(공식: 주어 + 동사(수여동사) + 간접목적어 + 직접목적어)

구문				국문	영문
수동1	현재	일반	단순	평서문	그녀는 그에 의해 조언을 받는다.	She is given good advice by him.
				Yes/No 의문문	그녀는 그에 의해 조언을 받니?	Is she given good advice by him?
				의문사/의문문	그녀는 왜 그에 의해 조언을 받니?	Why is she given good advice by him?
			진행	평서문	그녀는 그에 의해 조언을 받고 있다.	She is being given good advice by him.
				Yes/No 의문문	그녀는 그에 의해 조언을 받고 있니?	Is she being given good advice by him?
				의문사/의문문	그녀는 왜 그에 의해 조언을 받고 있니?	Why is she being given good advice by him?
		완료	단순	평서문	그녀는 그에 의해 조언을 받아오고 있다.	She has been given good advice by him.
				Yes/No 의문문	그녀는 그에 의해 조언을 받아오고 있니?	Has she been given good advice by him?
				의문사/의문문	그녀는 왜 그에 의해 조언을 받아오고 있니?	Why has she been given good advice by him?
			진행	평서문	그녀는 그에 의해 조언을 받아오는 중이다.	She has been being given good advice by him.
				Yes/No 의문문	그녀는 그에 의해 조언을 받아오는 중이니?	Has she been being given good advice by him?
				의문사/의문문	그녀는 왜 그에 의해 조언을 받아오는 중이니?	Why has she been being given good advice by him?
	과거	일반	단순	평서문	그녀는 그에 의해 조언을 받았다.	She was given good advice by him.
				Yes/No 의문문	그녀는 그에 의해 조언을 받았니?	Was she given good advice by him?
				의문사/의문문	그녀는 왜 그에 의해 조언을 받았니?	Why was she given good advice by him?
			진행	평서문	그녀는 그에 의해 조언을 받는 중이었다.	She was being given good advice by him.
				Yes/No 의문문	그녀는 그에 의해 조언을 받는 중이었니?	Was she being given good advice by him?
				의문사/의문문	그녀는 왜 그에 의해 조언을 받는 중이었니?	Why was she being given good advice by him?
		완료	단순	평서문	그녀는 그에 의해 조언을 받아온 것이었다.	She had been given good advice by him.
				Yes/No 의문문	그녀는 그에 의해 조언을 받아온 것이었니?	Had she been given good advice by him?
				의문사/의문문	그녀는 왜 그에 의해 조언을 받아온 것이었니?	Why had she been given good advice by him?
			진행	평서문	그녀는 그에 의해 조언을 받아온 중이었다.	She had been being given good advice by him.
				Yes/No 의문문	그녀는 그에 의해 조언을 받아온 중이었니?	Had she been being given good advice by him?
				의문사/의문문	그녀는 왜 그에 의해 조언을 받아온 중이었니?	Why had she been being given good advice by him?
	미래	일반	단순	평서문	그녀는 그에 의해 조언을 받을 것이다.	She will be given good advice by him.
				Yes/No 의문문	그녀는 그에 의해 조언을 받을 것이니?	Will she be given good advice by him?
				의문사/의문문	그녀는 왜 그에 의해 조언을 받을 것이니?	Why will she be given good advice by him?
			진행	평서문	그녀는 그에 의해 조언을 받는 중일 것이다.	She will be being given good advice by him.
				Yes/No 의문문	그녀는 그에 의해 조언을 받는 중일 것이니?	Will she be being given good advice by him?
				의문사/의문문	그녀는 왜 그에 의해 조언을 받는 중일 것이니?	Why will she be being given good advice by him?
		완료	단순	평서문	그녀는 그에 의해 조언을 받게 될 것이다.	She will have been given good advice by him.
				Yes/No 의문문	그녀는 그에 의해 조언을 받게 될 것이니?	Will she have been given good advice by him?
				의문사/의문문	그녀는 왜 그에 의해 조언을 받게 될 것이니?	Why will she have been given good advice by him?
			진행	평서문	그녀는 그에 의해 조언을 받고 있게 될 것이다.	She will have been being given good advice by him.
				Yes/No 의문문	그녀는 그에 의해 조언을 받고 있게 될 것이니?	Will she have been being given good advice by him?
				의문사/의문문	그녀는 왜 그에 의해 조언을 받고 있게 될 것이니?	Why will she have been being given good advice by him?

구문				국문	영문
수동 2	현재	일반	단순	평서문	조언이 그에 의해 그녀에게 주어진다.	Good advice is given her by him.
				Yes/No 의문문	조언이 그에 의해 그녀에게 주어지니?	Is good advice given her by him?
				의문사/의문문	조언이 왜 그에 의해 그녀에게 주어지니?	Why is good advice given her by him?
			진행	평서문	조언이 그에 의해 그녀에게 주어지고 있다.	Good advice is being given her by him.
				Yes/No 의문문	조언이 그에 의해 그녀에게 주어지고 있니?	Is good advice being given her by him?
				의문사/의문문	조언이 왜 그에 의해 그녀에게 주어지고 있니?	Why is good advice being given her by him?
		완료	단순	평서문	조언이 그에 의해 그녀에게 주어져왔다.	Good advice has been given her by him.
				Yes/No 의문문	조언이 그에 의해 그녀에게 주어져왔니?	Has good advice been given her by him?
				의문사/의문문	조언이 왜 그에 의해 그녀에게 주어져왔니?	Why has good advice been given her by him?
			진행	평서문	조언이 그에 의해 그녀에게 주어져오는 중이다.	Good advice has been being given her by him.
				Yes/No 의문문	조언이 그에 의해 그녀에게 주어져오는 중이니?	Has good advice been being given her by him?
				의문사/의문문	조언이 왜 그에 의해 그녀에게 주어져오는 중이니?	Why has good advice been being given her by him?
	과거	일반	단순	평서문	조언이 그에 의해 그녀에게 주어졌다.	Good advvice was given her by him.
				Yes/No 의문문	조언이 그에 의해 그녀에게 주어졌니?	Was good advice given her by him?
				의문사/의문문	조언이 왜 그에 의해 그녀에게 주어졌니?	Why was good advice given her by him?
			진행	평서문	조언이 그에 의해 그녀에게 주어지는 중이었다.	Good advice was being given her by him.
				Yes/No 의문문	조언이 그에 의해 그녀에게 주어지는 중이었니?	Was good advice being given her by him?
				의문사/의문문	조언이 왜 그에 의해 그녀에게 주어지는 중이었니?	Why was good advice being given her by him?
		완료	단순	평서문	조언이 그에 의해 그녀에게 주어져온 것이었다.	Good advice had been given her by him.
				Yes/No 의문문	조언이 그에 의해 그녀에게 주어져온 것이었니?	Had good advice been given her by him?
				의문사/의문문	조언이 왜 그에 의해 그녀에게 주어져온 것이었니?	Why had good advice been given her by him?
			진행	평서문	조언이 그에 의해 그녀에게 주어진 중이었다.	Good advice had been being given her by him.
				Yes/No 의문문	조언이 그에 의해 그녀에게 주어진 중이었니?	Had good advice been being given her by him?
				의문사/의문문	조언이 왜 그에 의해 그녀에게 주어진 중이었니?	Why had good advice been being given her by him?
	미래	일반	단순	평서문	조언이 그에 의해 그녀에게 주어질 것이다.	Good advice will be given her by him.
				Yes/No 의문문	조언이 그에 의해 그녀에게 주어질 것이니?	Will good advice be given her by him?
				의문사/의문문	조언이 왜 그에 의해 그녀에게 주어질 것이니?	Why will good advice be given her by him?
			진행	평서문	조언이 그에 의해 그녀에게 주어지는 중일 것이다.	Good advice will be being given her by him.
				Yes/No 의문문	조언이 그에 의해 그녀에게 주어지는 중일 것이니?	Will good advice be being given her by him?
				의문사/의문문	조언이 왜 그에 의해 그녀에게 주어지는 중일 것이니?	Why will good advice be being given her by him?
		완료	단순	평서문	조언이 그에 의해 그녀에게 주어지게 될 것이다.	Good advice will have been given her by him.
				Yes/No 의문문	조언이 그에 의해 그녀에게 주어지게 될 것이니?	Will good advice have been given her by him?
				의문사/의문문	조언이 왜 그에 의해 그녀에게 주어지게 될 것이니?	Why will good advice have been given her by him?
			진행	평서문	조언이 그에 의해 그녀에게 주어지고 있게 될 것이다.	Good advice will have been being given her by him.
				Yes/No 의문문	조언이 그에 의해 그녀에게 주어지고 있게 될 것이니?	Will good advice have been being given her by him?
				의문사/의문문	조언이 왜 그에 의해 그녀에게 주어지고 있게 될 것이니?	Why will good advice have been being given her by him?

5형식

(공식: 주어 + 동사(불완전타동사) + 목적어 + 목적격보어)

구문				국문	영문
능동	현재	일반	단순		
				평서문	그녀는 그를 웃게 만든다.	She makes him laugh.
				Yes/No 의문문	그녀는 왜 그를 웃게 만드니?	Does she make him laugh?
				의문사/의문문	그녀는 그를 웃게 만드니?	Why does she make him laugh?
			진행	평서문	그녀는 그를 웃게 만들고 있다.	She is making him laugh.
				Yes/No 의문문	그녀는 그를 웃게 만들고 있니?	Is she making him laugh?
				의문사/의문문	그녀는 왜 그를 웃게 만들고 있니?	Why is she making me laugh?
		완료	단순	평서문	그녀는 그를 웃게 만들어왔다.	She has made him laugh.
				Yes/No 의문문	그녀는 그를 웃게 만들어왔니?	Has she made him laugh?
				의문사/의문문	그녀는 왜 그를 웃게 만들어왔니?	Why has she made him laugh?
			진행	평서문	그녀는 그를 웃게 만들어오고 있다.	She has been making him laugh.
				Yes/No 의문문	그녀는 그를 웃게 만들어오고 있니?	Has she been making him laugh?
				의문사/의문문	그녀는 왜 그를 웃게 만들어오고 있니?	Why has she been making him laugh?
	과거	일반	단순	평서문	그녀는 그를 웃게 만들었다.	She made him laugh.
				Yes/No 의문문	그녀는 그를 웃게 만들었니?	Did she make him laugh?
				의문사/의문문	그녀는 왜 그를 웃게 만들었니?	Why did she make him laugh?
			진행	평서문	그녀는 그를 웃게 만들고 있었다.	She was making him laugh.
				Yes/No 의문문	그녀는 그를 웃게 만들고 있었니?	Was she making him laugh?
				의문사/의문문	그녀는 왜 그를 웃게 만들고 있었니?	Why was she making him laugh?
		완료	단순	평서문	그녀는 그를 웃게 만들어온 것이었다.	She had made him laugh.
				Yes/No 의문문	그녀는 그를 웃게 만들어온 것이었니?	Had she made him laugh?
				의문사/의문문	그녀는 왜 그를 웃게 만들어온 것이었니?	Why had she made him laugh?
			진행	평서문	그녀는 그를 웃게 만들고 있는 중이었다.	She had been making him laugh.
				Yes/No 의문문	그녀는 그를 웃게 만들고 있는 중이었니?	Had she been making him laugh?
				의문사/의문문	그녀는 왜 그를 웃게 만들고 있는 중이었니?	Why had she been making him laugh?
	미래	일반	단순	평서문	그녀는 그를 웃게 만들 것이다.	She will make him laugh.
				Yes/No 의문문	그녀는 그를 웃게 만들 것이니?	Will she make him laugh?
				의문사/의문문	그녀는 왜 그를 웃게 만들 것이니?	Why will she make him laugh?
			진행	평서문	그녀는 그를 웃게 만들고 있을 것이다.	She will be making him laugh.
				Yes/No 의문문	그녀는 그를 웃게 만들고 있을 것이니?	Will she be making him laugh?
				의문사/의문문	그녀는 왜 그를 웃게 만들고 있을 것이니?	Why will she be making him laugh?
		완료	단순	평서문	그녀는 그를 웃게 만들게 될 것이다.	She will have made him laugh.
				Yes/No 의문문	그녀는 그를 웃게 만들게 될 것이니?	Will she have made him laugh?
				의문사/의문문	그녀는 왜 그를 웃게 만들게 될 것이니?	Why will she have made him laugh?
			진행	평서문	그녀는 그를 웃게 만들고 있게 될 것이다.	She will have been making him laugh.
				Yes/No 의문문	그녀는 그를 웃게 만들고 있게 될 것이니?	Will she have been making him laugh?
				의문사/의문문	그녀는 왜 그를 웃게 만들고 있게 될 것이니?	Why will she have been making him laugh?

			구문	국문	영문
수 동	현 재	일 반	단 순	평서문	그는 그녀에 의해 웃었다.	He is made to laugh by her.
				Yes/No 의문문	그는 그녀에 의해 웃었니?	Is he made to laugh by her?
				의문사/의문문	그는 왜 그녀에 의해 웃었니?	Why is he made to laugh by her?
			진 행	평서문	그는 그녀에 의해 웃고 있었다.	He is being made to laugh by her.
				Yes/No 의문문	그는 그녀에 의해 웃고 있었니?	Is he being made to laugh by her?
				의문사/의문문	그는 왜 그녀에 의해 웃고 있었니?	Why is he being made to laugh by her?
		완 료	단 순	평서문	그는 그녀에 의해 웃어왔다.	He has been made to laugh by her.
				Yes/No 의문문	그는 그녀에 의해 웃어왔니?	Has he been made to laught by her?
				의문사/의문문	그는 왜 그녀에 의해 웃어왔니?	Why has he been made to laugh by her?
			진 행	평서문	그는 그녀에 의해 웃어온 중이었다.	He has been being made to laugh by her.
				Yes/No 의문문	그는 그녀에 의해 웃어온 중이었니?	Has he been being made to laugh by her?
				의문사/의문문	그는 왜 그녀에 의해 웃어온 중이었니?	Why has he been being made to laugh by her?
	과 거	일 반	단 순	평서문	그는 그녀에 의해 웃었다.	He was made to laugh by her.
				Yes/No 의문문	그는 그녀에 의해 웃었니?	Was he made to laugh by her?
				의문사/의문문	그는 왜 그녀에 의해 웃었니?	Why was he made to laugh by her?
			진 행	평서문	그는 그녀에 의해 웃는 중이었다.	He was being made to laugh by her.
				Yes/No 의문문	그는 그녀에 의해 웃는 중이었니?	Was he being made to laugh by her?
				의문사/의문문	그는 왜 그녀에 의해 웃는 중이었니?	Why was he being made to laugh by him?
		완 료	단 순	평서문	그는 그녀에 의해 웃었던 것이었다.	He had been made to laugh by her.
				Yes/No 의문문	그는 그녀에 의해 웃었던 것이었니?	Had he been made to laugh by her?
				의문사/의문문	그는 왜 그녀에 의해 웃었던 것이었니?	Why had he been made to laugh by her?
			진 행	평서문	그는 그녀에 의해 웃고 있었던 중이었다.	He had been being made to laugh by her.
				Yes/No 의문문	그는 그녀에 의해 웃고 있었던 중이었니?	Had he been being made to laught by her?
				의문사/의문문	그는 왜 그녀에 의해 웃고 있었던 중이었니?	Why had he been being made to laugh by her?
	미 래	일 반	단 순	평서문	그는 그녀에 의해 웃을 것이다.	She will be made to laugh by her.
				Yes/No 의문문	그는 그녀에 의해 웃을 것이니?	Will he be made to laugh by her?
				의문사/의문문	그는 왜 그녀에 의해 웃을 것이니?	Why will he be made to laugh by her?
			진 행	평서문	그는 그녀에 의해 웃고 있을 것이다.	He will be being made to laugh by her.
				Yes/No 의문문	그는 그녀에 의해 웃고 있을 것이니?	Will he be being made to laugh by her?
				의문사/의문문	그는 왜 그녀에 의해 웃고 있을 것이니?	Why will he be being made to laugh by her?
		완 료	단 순	평서문	그는 그녀에 의해 웃게 될 것이다.	He will have been made to laugh by her.
				Yes/No 의문문	그는 그녀에 의해 웃게 될 것이니?	Will he have been made to laugh by her?
				의문사/의문문	그는 왜 그녀에 의해 웃게 될 것이니?	Why will he have been made to laugh by her?
			진 행	평서문	그는 그녀에 의해 웃고 있게 될 것이다.	He will have been being made to laugh by her.
				Yes/No 의문문	그는 그녀에 의해 웃고 있게 될 것이니?	Will he have been being made to laugh by her?
				의문사/의문문	그는 왜 그녀에 의해 웃고 있게 될 것이니?	Why will he have been being made to laugh by her?

말하기 공식영어 31

ⓒ 김성천 곽랑주 2019

발 행 일 | 2019.07.23.
지 은 이 | 김성천, 곽랑주

발 행 처 | 항공신문
대   표 | 조재은
출판등록 | 제 2018-000054 호 (2018년 05월 10일)

주   소 | 서울시 강남구 청담동 32-3(삼성로 133길 8) 스템스빌딩 6층
대표전화 | 02-555-8813
홈페이지 | http://www.smartcms.co.kr

강연문의 | joseph@smartcms.co.kr / 010-3358-7387
　　　　　 writerkwack@naver.com / 010-7704-1905

ISBN 979-11-963880-6-5 03740
₩ 17,900

Back to the Basic,
Go to the Future!